Sinclair B. Ferguson
Das Kind, das ich bin

Sinclair B. Ferguson

Das Kind, das ich bin

Originaltitel der englischen Ausgabe:
Children of the Living God

© by Sinclair B Ferguson

First published in Great Britain by
The Banner of Truth Trust, Edinburgh, Scotland

ISBN 3-9805973-4-2

1.deutsche Auflage Juni 1999
© 1999 Wartburg Verein e.V., Filderstadt

Die Bibelstellen wurden, soweit
nicht anders gekennzeichnet,
der *Guten Nachricht Bibel* entnommen.

Übersetzung: Lisa Beck

Umschlaggestaltung und Satz:
BoD Verlagsservice, Hamburg

Druck: Evangelical Press, England.

INHALT

	Vorwort	7
1.	Kinder Gottes	11
2.	Von neuem geboren!	27
3.	Adoptiert!	37
4.	Die Wesenszüge der Familie Gottes	54
5.	Das Leben in der Familie Gottes	68
6.	Der Geist der Kindschaft	85
7.	Die Freiheit der Kinder Gottes	101
8.	Die Erziehung des Vaters	123
9.	Die endgültige Bestimmung der Kinder Gottes	139
	Bibliographie	151

Für

David und Peter, John und Ruth.

VORWORT

Man kann das Neue Testament nicht aufschlagen, ohne bald zu entdecken, daß in der Beziehung zu Gott etwas absolut Neues entstanden ist: Frauen und Männer nennen Gott *Vater*. Die Überzeugung, daß wir den Schöpfer des Universums auf eine so vertrauliche Art und Weise ansprechen dürfen, steht im Mittelpunkt des christlichen Glaubens. Durch Christus haben wir „Zugang zum Vater" (*LB,* Eph 2,18), wie Paulus uns versichert. Während es im Alten Testament sehr wenige Hinweis auf *Gott den Vater* gibt, finden wir im Vergleich dazu im gesamten Neuen Testament über 200 *verschiedene* Hinweise auf Gott den Vater. Das ist ein erstaunliches Zeugnis für das neue Bewußtsein für die Gnade Gottes, die mit der guten Nachricht des Evangeliums verbunden ist.

Trotzdem hat sich die christliche Kirche im allgemeinen diesen neuen und lebendigen Geist der Vaterschaft Gottes nicht bewahrt. Häufig war ihr gar nicht richtig bewußt, daß das christliche Leben ein Leben in der Kindschaft ist.

Vor der großen evangelischen Erweckung des 16. Jahrhunderts (besser bekannt als *Reformation*), war das weitverbreitete Bild des christlichen Lebens eher geprägt von Furcht und einem Gefühl der Unterdrückung als vom Gedanken der Kindschaft. Es war Luther, der mit seiner Entdeckung der *Rechtfertigung allein durch Glauben* diesen Verfall des Christentums aufhielt. Dennoch wurde auch für Luther (und für viele andere nach ihm) der Gedanke, daß wir halt auch Söhne und Töchter Gottes sind, häufig von dem strahlenden Glanz der Rechtfertigungslehre in den Schatten gestellt. Nur selten spielte Kindschaft mehr als eine – wenn auch positive – Nebenrolle im christlichen Leben. Viele der evangelischen Standardlehrbücher der Theologie, welche diejenigen informieren und prägen, die dann das Evangelium der Gemeinde und der Welt verkünden, haben für das Thema Kindschaft nur ein paar Zeilen übrig. Es kann daher kaum verwundern, wenn wir unsere Vorrechte nicht voll und ganz in Anspruch nehmen.

Das Thema Kindschaft wurde aber nicht bloß vernachlässigt – ganz im Gegenteil. Die 'liberale' Theologie der letzten hundert Jahre betonte *die universelle Vaterschaft Gottes* und *die universelle Bruderschaft der Menschen* in einem solchen Maß, daß evangelikale Christen (verständlicherweise, wenn auch fälschlicherweise) jegliche Diskussion, Predigt oder Schrift über dieses Thema gescheut haben. Es gab allerdings auch einige beachtenswerte Ausnahmen, wie zum Beispiel die aus dem amerikanischen Süden stammenden presbyterianischen Theologen J. L. Giradeau und R. A. Webb, der Baptist R. L. Dagg und der bedeutende schottische Theologe R. S. Candlish. Doch sie alle schrieben vor langer Zeit über dieses Thema. Es ist sicherlich notwendig, ihre Arbeit weiterzuentwickeln und dieses Thema noch umfassender zu erforschen.

Ich habe nicht vor, dieses Buch im gelehrten Stil dieser Autoren zu schreiben. Ich habe hinsichtlich dieses Buches eine viel bescheidenere Vorstellung. Sie ist allerdings nicht weniger bedeutsam. Ich möchte der Gemeinde von heute das Privileg und die Verantwortung deutlich machen, die daraus resultieren, daß wir Gott 'Vater' nennen dürfen. Meine Absicht ist nicht sehr weit entfernt von der meines Landsmannes R. S. Candlish, der über seine Vorträge, die unter dem Titel *The Fatherhood of God*[1] veröffentlicht wurden, folgendes schrieb:

> Mein Ziel ist vor allem praktischer Art. Es geht darum, die Aussage und die Auswirkung der biblischen Lehre über die Vaterschaft Gottes als bedeutendes Elemente christlicher Lebenserfahrung hervorzuheben.[2]

---

[1] *Die Vaterschaft Gottes* [Anmerkung des Übersetzers]
[2] CANDLISH, R.S.: *The Fatherhood of God*, Edingburgh (A.&C.Black), 1866, S. 5

Das Kind, das ich bin betrachtet genau diese christliche Erfahrung, sowohl vom Standpunkt unserer Kindschaft als auch vom Standpunkt der Vaterschaft Gottes aus. Von allen Bildern, die die Bibel benutzt, um zu verdeutlichen, was es bedeutet ein Christ zu sein, ist das der Kindschaft dasjenige, das nicht nur im Evangelium eine zentrale Rolle spielt, sondern auch in der heutigen Zeit kaum aktueller sein könnte. Ich wünsche mir, daß dieses Buch anregt, über die großartigen Vorrechte nachzudenken, die wir durch Christus Jesus empfangen haben.

Sinclair B. Ferguson
Westminster Theological Seminary,
Philadelphia, Pennsylvania

Kapitel 1

KINDER GOTTES

Auf der Suche nach einer neuen Anstellung durchlief ich einmal eine Reihe verschiedener Vorstellungsgespräche. Eines dieser Gespräche konzentrierte sich vor allem auf mein geistliches Leben. Ich kann mich noch lebhaft daran erinnern, daß von einem der anwesenden Leute gefragte wurde: 'Wie würden Sie ihre Beziehung zu Gott beschreiben?'

Mir war nicht ganz klar, was er damit meinte. Wollte er mich fragen, ob ich heute schon Zeit mit Bibellesen und Beten verbracht hatte? Oder wollte er wissen, ob ich eine geheime Sünde mit mir herumtrug, die meine Gemeinschaft mit Gott trübte? Er erklärte mir schließlich, was er eigentlich meinte: 'Mit welchen Begriffen würden Sie die Stellung beschreiben, die Sie Gott gegenüber einnehmen?' Nach einem Moment des Nachdenkens antwortete ich: 'Die eines Dieners. Und, ja – die eines *Sohnes*!'

Die Vorstellungsgespräche waren ermüdend, und am Ende wurde die Stelle dann einem anderen gegeben. Aber das machte mir gar nicht so viel aus, denn ich hatte etwas gesagt, was mir noch Tage danach immer wieder neu durch den Kopf ging. Vielleicht war der Grund einfach der, daß mir noch nie zuvor diese Frage so direkt und konkret gestellt worden war. Vielleicht lag es aber auch daran, daß ich meine Antwort noch nie in eben dieser Form formuliert hatte. Was auch immer der Grund gewesen sein mag, mir wurde mit einem ganz neuen Gefühl des Staunens klar: Ich war nichts geringeres als *ein Kind des lebendigen Gottes*! Er war mein Vater – ich wußte, daß ich sein Sohn war. Welch ein Privileg!

Genau das wollte auch der Apostel Johannes seinen Mitchristen klarmachen, als er schrieb:

„Seht doch, wie sehr uns der Vater geliebt hat! Seine Liebe ist so groß, daß er uns seine Kinder nennt. Und wir sind es wirklich: Gottes Kinder! ...Ihr Lieben, wir sind schon Kinder Gottes. Was wir einmal sein werden, ist jetzt noch nicht sichtbar. Aber wir wissen, wenn es offenbar wird, werden wir Gott ähnlich sein; denn wir werden ihn sehen, wie er wirklich ist." (1.Joh. 3,1-2)

Dieses Buch basiert auf der Überzeugung, daß die Erkenntnis dessen, von dem Johannes hier spricht, das ganze Leben verändert. Was Johannes sagt, ist Grundlage für das Verständnis des christlichen Lebens und der alltäglichen Erfahrungen, die wir in unserem christlichen Leben machen. Daß ein Christ, ein Kind des lebendigen Gottes ist, ist *die entscheidende* Sichtweise, wenn sicherlich auch nicht die einzige, mit der der Christ sich selbst betrachten soll.

Wenn unser christliches Selbstverständnis biblisch ist, dann beginnt es genau hier. Auf der einen Seite steht die Erkenntnis: Gott ist mein Vater. Das heißt, wenn wir uns ein Bild von uns selbst machen, beginnt unser Selbstverständnis immer mit der Kenntnis von *Gott* und *wer er ist*! Auf der anderen Seite steht die Erkenntnis: Ich bin eins seiner Kinder. Damit erkenne ich meine wirkliche Identität und erkenne zu welcher Familie ich gehöre. Und damit entdecke ich meine tiefsten 'Wurzeln' – Gottes Volk sind meine Brüder und Schwestern.

Ist das auch Ihre Sichtweise – Ihrer selbst und Ihres christlichen Lebens? Wir Christen haben eine ausgeprägte Vorliebe dafür, unsere Erfahrungen mit Begriffen auszudrücken, die unsere Vorfahren als 'Heilsordnung' bezeichneten. Diese Ordnung beschreibt eine Folge einzelner, von einander zu trennenden Ereignisse oder Erfahrungen im christlichen Leben, die aber auch gleichzeitig miteinander verbunden sind. Normalerweise beginnt man diese Heilsordnung christlicher Erfahrung mit Wiedergeburt, Glaube und Buße und schließlich folgen Heiligung, Beharrlichkeit und Verherrlichung. Dieses 'ordnende Modell', dessen, was mit und in einem Christen passiert, versucht die verschiedenen Stadien des Wirkens des Heiligen Geistes, in unserem Leben aufzuzeigen.

Für unseren Glauben kann es manchmal aber auch hinderlich sein, wenn wir unsere Aufmerksamkeit in dieser Weise auf unsere eigenen Erfahrungen im Heilsprozeß konzentrieren. Dies trifft im besonders zu, wenn wir durch unsere natürliche Veranlagung schon zu intensiver Selbstbeobachtung und zum Zweifeln neigen. Wir beginnen uns vielleicht zu fragen: 'Welches Stadium habe ich erreicht? Habe ich die vorherigen auch wirklich richtig durchlebt? War ich tief genug vom Bewußtsein meiner Sünde erfüllt – so wie John Bunyan, Martin Luther oder Augustinus, über die wir vielleicht gelesen haben?' Natürlich hat die Selbstprüfung einen angemessenen Platz im christlichen Leben. Aber verkrampftes In-sich-hineinschauen oder Zweifel sind eine ganz andere Sache, gerade weil wir ja schon wissen: „In uns selbst, so wie wir der Sünde ausgeliefert sind, lebt nicht die Kraft zum Guten" (Röm. 7,18).

Wenn wir darüber nachdenken, *wer wir als Christen sind*, sollten wir nicht damit beginnen, was wir durch Selbstanalyse über uns herausfinden können. Vielmehr sollten wir damit beginnen, was Gott über die sagt, die Christus vertrauen.

Ein äußerst interessanter Aspekte der Lehre des Neuen Testamentes über die Erlösung, die uns im Evangelium verkündigt wird, ist, daß in einigen Schlüsselpassagen, die Gottes Absichten in der Geschichte und in unserem eigenen Leben zusammenfassen, Erlösung als Zugehörigkeit zur Familie Gottes beschrieben wird. Wir sind Gottes Söhne und Töchter, seine in Freiheit geborenen Kinder. Christsein ist nicht so sehr von Erfahrungen abhängig, als vielmehr von unserer neuen Beziehung zu Gott.

Der Schwerpunkt innerhalb des Neuen Testaments

Einige zentrale Abschnitte des Neuen Testamentes betonen unser kindliches Verhältnis zu Gott, dem Vater. Unter anderem beschreibt Paulus in Galater 3,26 - 4,7 (wahrscheinlich sein frühester Brief) die Erfahrungen des Christen vor dem Hintergrund der Absichten Gottes in der Geschichte. Paulus stellt hier die geistliche Erfahrung vor und nach dem Kommen Christi gegenüber. Gibt es da irgendeinen Unterschied? Allerdings! Der Unterschied ist so groß wie zwischen dem *Kindsein*, mit all den Einschränkungen und Regeln der Kindheit, und dem *Leben als Erwachsener*, mit allen entsprechenden Freiheiten, Vorrechten und Möglichkeiten, die dies mit sich bringt.

Paulus sagt, daß Gottes Erlösung zu Zeiten des Alten und Neuen Testaments grundsätzlich gleich ist (wie uns seine Hinweise auf Abraham in Römer 4,1-12 und Galater 3,6-9 beweisen). Aber andererseits wird mit dem Kommen Christi auch eine dramatische Entwicklung zur Realität. Sie ist in etwa mit dem Unterschied zwischen der Einschränkung durch einen Vormund oder einen Vermögensverwalter und der Freiheit, die der Antritt des Familienerbes mit sich bringt, zu vergleichen. (Erinnern Sie sich noch, wie bedrohlich der Vormund in den alten Kinderbüchern immer dargestellt wurde?) Mit einem dicken Pinsel malt Paulus das Bild unserer Erlösung, in dessen Mittelpunkt das Bild des Christen als ein erwachsen gewordener Sohn steht.

Ferner wird in Epheser 1,3-6 (vielleicht der allgemeinste Brief, den Paulus schrieb) die christliche Erfahrung von ihrer Entstehung im ewigen Willen Gottes bis zu ihrem Ziel im Lobpreis des Ruhmes und der Gnade Gottes aufgezeigt: „Denn in ihm [Christus] hat er uns erwählt, ehe der Welt Grund gelegt war, daß wir heilig und untadelig vor ihm sein sollten; ...zum Lob seiner herrlichen Gnade" (*LB*). Aber was ist nun Gottes Absicht bei all dem? „Aus Liebe hat er uns dazu bestimmt, seine Söhne und Töchter zu werden – durch Jesus Christus und im Blick auf ihn". Die Gründung einer Familie mit vielen Kindern ist der Grund für das gesamte Handeln Gottes. Auf diese Weise beabsichtigt er, uns seine Herrlichkeit zu offenbaren.

Zwei weitere Abschnitte des Neuen Testamentes verdeutlichen, daß das Ziel der Inkarnation von Gottes Sohn die Gründung der Familie Gottes ist. Er wurde ein Mensch und kam in eine Welt voller Sünde, Leid und Auflehnung gegen Gott, denn er mußte „in jeder Beziehung seinen Brüdern und Schwestern gleich werden" (Hebr. 2,17). Aber warum? Wieder gibt uns Paulus die Antwort: „Sie alle, die Gott im voraus ausgewählt hat, die hat er auch dazu bestimmt, seinem Sohn gleich zu werden. Nach dessen Bild sollen sie alle gestaltet werden, damit er der Erstgeborene unter vielen Brüdern und Schwestern ist" (Röm. 8,29). Daß wir Kinder Gottes werden können, weil Christus sich mit uns verbrüdert hat, ist der Kerngedanke neutestamentlicher Heilslehre.

Aus einer anderen Perspektive heraus betrachtet können wir sagen, daß es das Werk des dreieinigen Gottes in all seiner Herrlichkeit ist, uns in seine Familie zu bringen und aus uns seine Kinder zu machen. Der *Vater* bestimmt, daß wir seine Kinder werden sollen; der *Sohn* kommt, um uns zu seinen Brüdern und Schwestern zu machen; und der *Heilige Geist* ist gesandt als der Geist der Kindschaft, um uns unsere Vorrechte ganz bewußt zu machen (Röm. 8,15). Egal von welchem Standpunkt aus wir die Erlösung betrachten, ob von Gottes, der sie uns geschenkt hat, oder von unserer Erfahrung aus, die wir als Christen machen. *Kindschaft* ist dabei immer von zentraler Bedeutung.

Unser Verhältnis zu unserem Vater im Himmel hat weitreichende Konsequenzen für uns als Söhne und Töchter. Auf keinen Fall handelt es sich dabei nur um eine rein theoretische und spekulative Frage der Theologie – um eine vielleicht interessante These, die praktisch gesehen aber unbedeutend ist. James I. Packer betont:

> Man kann die Lehre des gesamten Neuen Testamentes in einem einzigen Satz zusammenfassen, indem man es als die Offenbarung der Vaterschaft unseres heiligen Schöpfers bezeichnet. In der gleichen Weise läßt sich der Glaube des Neuen Testamentes zusammenfassen als das Wissen um Gott als den eigenen Heiligen Vater. Will man beurteilen, wie gut jemand das Christentum versteht, so ist es wichtig zu erfahren, was der Gedanke, Gottes Kind zu sein und Gott als Vater zu haben, für ihn bedeutet. Werden sein Leben vor Gott, sein Gebet und seine gesamte Weltsicht nicht von diesem Gedan-

ken inspiriert und angetrieben, so bedeutet dies, daß er nicht sehr viel vom Christentum verstanden hat.[3]

Diese Betonung ist eine korrekte Einschätzung des Evangeliums. Natürlich führt jedes Gebiet biblischer Lehre und Theologie zu seinen eigenen Auswirkungen im praktischen Leben. Aber der Gedanke, daß wir Gottes Kinder sind, seine eigenen Söhne und Töchter, steht im Mittelpunkt aller christlichen Theologie und ist die eigentliche Kraftquelle für ein christliches Leben.

Bevor wir diesen Gedanken weiterentwickeln, müssen wir uns zunächst etwas Zeit nehmen, um die biblische Lehre, die ihm zugrunde liegt, genauer zu betrachten. Dies können wir tun, indem wir die zentrale Bedeutung der Kindschaft hervorheben.

Die zentrale Stellung in der Heiligen Schrift

Wie wichtig der Gedanke der ist *Kindschaft* in der biblischen Lehre über die Beziehung des Menschen zu Gott? Man kann ihre zentrale Stellung folgendermaßen knapp aber treffend beschreiben: *Kind Gottes zu sein ist Höhepunkt der Schöpfung und Ziel der Erlösung.*

Der erste Mensch, den Gott schuf, wurde nach seinem Bilde geschaffen, um sein Sohn zu sein. Lukas geht im Stammbaum Jesu davon aus, daß Adam der Sohn Gottes war: „Adam stammte von Gott" (Lk. 3,38).

Wenn wir nun einmal in die Zukunft schauen, sehen wir anhand der Bibel, daß der Ausgang der Weltgeschichte durch Gottes Kinder markiert wird, die am Ende der Zeiten in den vollen Besitz ihrer Freiheit kommen werden. Sie sind schon jetzt dazu bestimmt, Christus, der der Erstgeborene in dieser neuen Familie ist, gleich zu werden. Aber am Tag der Auferstehung wird der ganze Reichtum ihrer Aufnahme in Gottes Familie sichtbare Realität (Röm. 8,18-30). Die Geschichte des verlorenen Paradieses, das zu einem wiedergewonnenen Paradies wird, ist die Geschichte der Gnade Gottes – eine Gnade, die uns aus der Ent-

---

[3] PACKER, J.I.: *Knowing God*, London (Hodder&Stoughton), 1973, S. 182

fremdung wieder in seine Familie aufnimmt. Gottes Gnade stellt für uns wieder her, was Adam für uns verloren hat: Ein kindlich vertrauensvolles Verhältnis zu dem Gott, der uns geschaffen hat, der uns liebt und in jedem Augenblick unseres Lebens für uns sorgt.

Gott selbst hat seine Fürsorge, die er uns – seinen Kindern – zuteil werden läßt, in den Mittelpunkt gestellt. Dies zeigt sich im Laufe der biblischen Offenbarung in vielerlei Hinsicht:

Schöpfung

Zunächst zeigt sich Gottes Fürsorge für uns in der *Schöpfung*. Wie schon zuvor erwähnt, erschuf Gott den Menschen als seinen Sohn: „...und Adam stammte von Gott." (Lk. 3,38). Ein Sohn zu sein bedeutet in der Sprache des ersten Buches Mose, daß man nach dem Bild des Vaters und ihm gleich geschaffen ist. Als Adam und Eva ihren Sohn Set bekamen, wird dieses Ereignis mit folgenden Worten beschrieben: „Und Adam war 130 Jahre alt und zeugte einen Sohn, ihm gleich und nach seinem Bilde" (*LB*, 1.Mose 5,3). Genau dieselben Worte werden auch verwendet, um die Beziehung zwischen Gott und Adam zu beschreiben. Gott schuf den Menschen „*ihm gleich*" und „*nach seinem Bilde*" (*LB*, 1.Mose 1,26-27; 5,1-2).

'Sohn sein' und 'Ebenbild des Vaters sein' sind synonyme Begriffe und wollen dasselbe zum Ausdruck bringen. Um es einmal anders auszudrücken: Wenn wir verstehen wollen, was die Bestimmung des Menschen war, müssen wir ihn uns als ein Kind Gottes vorstellen. Wenn wir uns umgekehrt fragen, was es dann bedeutet, ein Kind Gottes zu sein, ist die Antwort: Es bedeutet, Gott *ähnlich* und sein *Ebenbild* zu sein.

Nur wenige Aussagen der Bibel sind so faszinierend und scheinbar unergründlich wie „nach dem Bilde Gottes" geschaffen und „ihm gleich" zu sein. Was bedeuten sie? Was heißt es, „nach dem Bilde Gottes" geschaffen und „ihm gleich" zu sein? Einen Hinweis darauf finden wir in der Tatsache, daß Christus selbst, der menschgewordene Sohn Gottes, als Gottes Ebenbild beschrieben wird. Wenn wir die Bedeutung dieser Tatsache verstehen, können wir beginnen, uns mit der Frage auseinanderzusetzen, was es eigentlich für uns ganz persönlich bedeutet, Gottes Ebenbild zu sein. Bedenken wir, daß Christus kam, um uns wieder zu diesem Ebenbild zu machen, das durch die Sünde zerstört worden war.

Christus kam als *der letzte Adam* oder *der zweite Mensch* (1.Kor. 15,45-47). Dabei übernahm er drei Aufgaben: Er war Prophet, Priester und König. Als der Christus (der Gesalbte) erfüllte er in seinem Leben die Ämter, die Gott schon im Alten Testament eingesetzt hatte. Durch das Propheten-, Priester- und Königsamt wollte Gott seinem Volk eine Vorahnung davon geben, worum es in einem Leben in seinem Königreich überhaupt geht. Indem Christus diese Ämter erfüllte, zeigte er auch uns, zu welchem Zweck Gott all seine Kinder geschaffen hatte.

Gottes Kinder sollen *Propheten* sein in dem Sinne, daß sie Gottes Worte nachsprechen und seinen Willen der geschaffenen Ordnung offenbaren. Darauf werden wir in der Schöpfungsgeschichte hingewiesen. Wir lesen dort, wie Adam den Tieren ihre Namen gibt, „denn wie der Mensch jedes Tier nennen würde, so sollte es heißen" (*LB* 1.Mose 2,19). Für die Umwelt des Menschen war sein Wort *Gottes* Wort.

Die Kinder Gottes sollen auch *Priester* sein und den Dank und die Anbetung der ganzen Schöpfung artikulieren. Die ganze Natur wurde geschaffen, um sich in einer großartigen Symphonie zur Anbetung Gottes zu vereinigen. Aber allein der Mensch hat von Gott die Fähigkeit empfangen, Lob und Anbetung in Worte zu fassen. Die Anbetung des Menschen und sein Gottesdienst waren Gott wichtig, da Gott ihn nach seinem Bilde geschaffen hatte. Als Kind Gottes konnte er sich darüber hinaus in ganz besonderer Weise über den Sabbat freuen. An diesem Tag konnte er in der Gegenwart seines Vaters ruhen und in andächtiger Betrachtung die Herrlichkeit der ganzen Schöpfung genießen (1.Mose 2,2-3).

Zum dritten wurden die Kinder Gottes auch geschaffen, um *Könige* auf dieser Erde zu sein. In den sich ergänzenden Beschreibungen der Schöpfung in denn ersten beiden Kapiteln der Bibel wird der Mensch als die Krone (1.Mose 1) und der Mittelpunkt der Schöpfung (1.Mose 2) präsentiert. Alles auf dieser Welt gab Gott ihm zum Geschenk: „Als Nahrung gebe ich euch die Samen der Pflanzen und die Früchte, die an den Bäumen wachsen, überall auf der Erde" (1.Mose 1,29). Er gab ihm die Herrschaft über die ganze Erde (1.Mose 1,26). Der Mensch sollte Gottes Vizekönig sein!

Der Mensch lebte wie ein königlicher Prinz im Reich seines himmlischen Vaters. Die Welt war sein Herrschaftsgebiet – allerdings eines, in dem er seine Loyalität demonstrieren sollte, um sich selbst noch größerer Vorrechte und Verantwortungen würdig zu erweisen. Daher auch Gottes Befehl: „Du darfst von allen Bäumen des Gartens essen, nur nicht von dem Baum, dessen Früchte Wissen geben. Sonst mußt du sterben" (1.Mose 2,16-17).

Von dieser Erhabenheit an Würde und Privilegierung stürzte der Mensch herab. Das Ebenbild Gottes war nun zerbrochen. Er erwies sich als unfähig und unwürdig, die Aufgaben zu erfüllen, die Gott dem Menschen anvertraut hatte. Was es heißt, ein Kind Gottes zu sein, wurde so zu einer Erinnerung der Vergangenheit – ein durch Sünde verwirktes, verlorenes und unwiederbringliches Vorrecht.

Dennoch kann das Ebenbild Gottes noch immer entdeckt werden, wie die Schrift an anderer Stelle andeutet (1.Mose 9.6; Jak. 3,9). Weil Gott der Schöpfer des Menschen bleibt, ist es dem Menschen immer noch anzusehen, daß er geschaffen wurde, ein Kind Gottes zu sein. Allerdings ist er nur noch insoweit Gottes Ebenbild, wie eine Ruine noch eine Burg oder ein Schloß ist. Die Zeit seiner Größe ist längst vergangen und steht in krassem Gegensatz zu dem, was aus dem Menschen geworden ist. Der Mensch stellt daher eine große und doch so tragische Figur dar. Wie ein typischer Held in einer Shakespeare-Tragödie steht er noch immer in der Mitte der Bühne, doch trägt er die Zeichen seiner eigenen Zerstörung an sich statt die Herrlichkeit des Bildes Gottes. Wie der verlorene Sohn im fernen Land hat auch er verschwommene Erinnerungen an seinen früheren Familienstatus.

Doch ernähren tut er sich von den Abfällen einer verlorenen Welt (Lk. 15,14-16).

Neue Schöpfung

Gottes Liebe zu seinen Kinder hat aber nicht aufgehört. Sie entfaltet sich erneut in einer *neuen Schöpfung* – der *Wiederherstellung* der verlorenen Ebenbildlichkeit in seinen Kindern.

Wir haben bereits gesehen, welche Betonung das Neue Testament im allgemeinen auf das Bild der Kindschaft legt. Jesu eigene Predigten heben hervor, was es bedeutet, ein Kind des Vaters zu sein. In den Schriften des Paulus finden wir die ausführliche Darlegung dieses Gedankens vor dem Hintergrund der Aussagen des Alten Testaments. Er führt den ewigen Ratschluß des Vaters und somit wie die Menschwerdung Christi, das damit verfolgte Ziel und auch das Wirken des Geistes auf die eine zentrale Tatsache zurück: Gott ist fest entschlossen, sein Ebenbild, das er im Leben der Menschen geschaffen hatte, und seine Herrlichkeit wiederherzustellen.

Die Wiederherstellung des Menschen als Ebenbild Gottes ist ein Bestandteil des Evangeliums, das häufig zu Gunsten anderer ebenso biblischer Bestandteile vernachlässigt wird, wie zum Beispiel Versöhnung, Rechtfertigung und Erlösung. Solche Elemente sind aber im Grunde nur Hilfsmittel in Gottes großem Plan der Wiederherstellung, die die Ebenbildlichkeit mit dem Vater zum Ziel hat.

Die Vernachlässigung dieses Schwerpunkts geht oft so weit, daß es Schwierigkeiten bereitet, das Ausmaß der Botschaft des Evangeliums richtig zu schätzen. So fühlen wir uns zum Beispiel eher unwohl, wenn Paulus von *der Welt* spricht, die in Christus versöhnt wurde (2.Kor. 5,19). Wir können dabei jedoch die atemberaubende Bedeutung dieser Botschaft aus den Augen verlieren, weil wir solche Aussagen instinktiv so zu interpretieren versuchen, daß wir einem falschen Universalismus keinen Vorschub leisten. Was Paulus jedoch bei diesen Aussagen im Auge hat (z.B. Eph. 1,9-10; Kol. 1,19-20), ist das Ziel Gottes, die Ordnung und Herrlichkeit wiederherzustellen, die zu Beginn in seiner

Welt war. Der Schlüssel zu solch einer Wiederherstellung ist die Wiederherrichtung der ursprünglichen Ehre und Würde, der Vorrechte und Verantwortung des Menschen. Wenn es dann heißt, daß alle Dinge mit Gott versöhnt werden, bedeutet das im Grunde nichts anderes, als daß das Ebenbild wiederhergestellt wird, das der Mensch bei der Schöpfung in vollkommener Weise besaß und später durch die Sünde entstellt wurde.

Folgerichtig sollten wir bei all unserem Nachdenken über Gottes Handeln niemals den Grundsatz aus den Augen verlieren, den er in seinem Wort formuliert hat: „Sie alle, die Gott im voraus ausgewählt hat, die hat er auch dazu bestimmt, seinem Sohn gleich zu werden. Nach dessen Bild sollen sie alle gestaltet werden, damit er der Erstgeborene unter vielen Brüdern und Schwestern ist" (Röm. 8,29). Im Endeffekt ist Gottes Ziel nichts geringeres als die Gründung eines neuen Volkes, das aus Menschen besteht, die durch ihre Beziehung zu Jesus Christus, der sein göttliches Ebenbild trägt und in besonderer Weise sein Sohn ist, in das verwandelt werden, was sie ursprünglich einmal sein sollten.

Kindschaft beinhaltet daher alles! Sie ist das Ziel, daß mit dem Kommen Christi verfolgt wird: „Als aber *die Zeit gekommen war*, sandte Gott seinen Sohn. Der wurde als Mensch geboren und dem Gesetz unterstellt, um alle zu befreien, die unter der Herrschaft des Gesetzes standen. *Durch ihn wollte Gott uns als seine mündigen Söhne und Töchter annehmen. ...Du bist also nicht länger Sklave, sondern mündiger Sohn und mündige Tochter, und wenn du das bist, dann bist du nach Gottes Willen auch Erbe*: Du bekommst, was Gott Abraham versprochen hat" (Gal. 4,4-7).

Auch in dem, was die Bibel über *Erlösung* sagt, nimmt der Gedanke der Kindschaft eine zentrale Stellung ein. Wie sich Gott in der Vergangenheit offenbart hat und wie er in unserem Leben wirkt, stimmt mit dieser Sichtweise überein. Gerade weil uns Gott als seine Kinder schuf und uns diesen Status zurückgeben möchte, spiegelt die Art und Weise seines Wirkens mit seinem Volk sein nachdrückliches Ziel wider: Er beabsichtigt, viele *Söhne und Töchter* zur Herrlichkeit zu bringen (Hebr. 2,10).

Im Alten Testament wurde die Beziehung zwischen Gott und Mensch durch Gottes Bund mit den Menschen besiegelt. Er kam zu Noah, Abraham, Mose und David und schloß stellvertretend mit ihnen seinen Bund mit seinem Volk. Er verpflichtete sich, ihr Gott zu sein, und nahm sie als sein Volk an. In diesem Zusammenhang entschied sich Gott selbst die Rolle eines *Vaters* ihnen gegenüber zu übernehmen und nahm sein Volk als sein *„Kind"* an. So ist Gottes Reden mit seinem Volk des alten Bundes gekennzeichnet von dieser Vater-Kind-Beziehung. Die, mit denen Gott einen Bund machte, sind seine Kinder, also Mitglieder seiner Familie. Er ist ihr Gott und Vater.

Dieses Beziehungsmuster entwickelt sich in Gottes Heilsgeschichte in drei Stufen: in Israel, in Christus und in uns.

Gott erwählte Israel, ließ es durch den Auszug aus Ägypten zu einem Volk werden und adoptierte es als seinen 'Sohn'. Das ist der rote Faden, der sich durch den ganzen Bericht vom Auszug aus Ägypten zieht. Israel war Gottes Erstgeburt unter den Nationen der Welt. Weil Pharao versuchte, Israel zu vernichten, vernichtete Gott den Erstgeborenen des Pharao, sein Volk und seine Besitztümer: „Und du sollst zu ihm sagen: So spricht der Herr: Israel ist *mein erstgeborener Sohn*; und ich gebiete dir, daß du meinen Sohn ziehen läßt, daß er mir diene. Wirst du dich weigern, so will ich deinen erstgeborenen Sohn töten" (*LB,* 2.Mose 4,22-23).

Der Herr erfüllte sein Versprechen. Sein Sohn Israel wurde freigelassen: „Ihr habt erlebt, was er in Ägypten für euch getan hat; und durch die Wüste hat er euch getragen *wie ein Vater sein Kind*, den ganzen langen Weg bis hierher" (5.Mose 1,30-31). Aus diesem Grund war Mose später in der Lage, dem Volk uneingeschränkt zu erklären: „Ihr seid *Kinder* des Herrn, eures Gottes" (*LB,* 5.Mose 14,1). Doch nach einiger Zeit wurden die Kinder Gottes untreu (5.Mose 32,20). Der Herr wandte sich durch seine Propheten an seine verlorenen Kinder und appellierte flehendlich an sie: „Hört zu, Himmel und Erde! Hört, was der Herr sagt: 'Ich habe Kinder aufgezogen; und jetzt, wo sie groß geworden sind, sagen sie sich von mir los! Jedes Rind kennt seinen Besitzer und jeder Esel die Futterkrippe seines Herrn. Israel aber will nicht begreifen, wem es gehört; mein Volk nimmt keine Vernunft an" (Jes. 1,2-3). Gott beklagt die Abkehr seines Sohnes: „Ein Sohn ehrt seinen Vater. ...Ihr nennt mich euren Vater, aber ihr ehrt mich nicht!" (Mal. 1,6). Und Maleachi selbst klagt: „Haben wir nicht alle einen Vater? Hat uns nicht ein Gott geschaffen? Warum verachten wir denn einer den anderen und entheiligen den Bund mit unsern Vätern?" (*LB,* Mal. 2,10).

Die Geschichte Israels mit dem Gott, der Israel in seiner Gnade als sein Kind annahm (Röm. 9,4), ist gekennzeichnet von einem nicht nachvollziehbaren Vertrauensbruchs auf Seiten des Volkes. Die Kindschaft, die Gott durch die Erwählung und Erlösung seines Volkes wiederherstellen wollte, wurde verachtet. Das Geburtsrecht, das Erbe, wurde für einen Linseneintopf verkauft. Jakob wurde zwar zu Israel, doch nach nicht allzu langer Zeit wurde das Volk Israel zum Sohn Jakobs (der Hinterlistige)[4].

Vor diesem Hintergrund entfaltet sich die Sohnschaft Jesu Christi. Er ist der ewige Sohn Gottes. Dennoch wird der Sohn zu einem Diener in unserem Fleisch. Er ist all das, was Adam und danach Israel nicht imstande waren zu sein. Dies ist mit ein Grund dafür, daß Paulus ihn *„den zweiten Menschen"* und *„den letzten Adam"* (*LB,* 1.Kor. 15,45-47) nennt. Freiwillig macht er sich auf den Weg in das ferne Land, in dem Gottes verlorene Kinder wohnen; er kommt zu uns in unsere Einsamkeit. Und indem Jesus selbst in diese Entfremdung vom Vater eintritt („Mein Gott, mein Gott, warum hast du mich verlassen?", Mt. 27,46), schenkt er uns eine Kindschaft, die uns nicht mehr selbstverständlich gehört, sondern uns nur noch durch seine Gnade zusteht.

* * *

Machen wir uns ruhig einmal bewußt, wie Christus uns zu einem Kind Gottes macht. Wie schon beschrieben, wurde die Gotteskindschaft dadurch zum Ausdruck gebracht, daß der Mensch Prophet, Priester und König war. Jesus, der Eine, gesalbt mit dem

---

[4] vgl. 1.Mose 25, 29-34 und 27,36

„Geist in grenzenloser Fülle" (Joh. 3,34), erfüllt jedes dieser Ämter. Als *Prophet* gehorcht er dem Willen Gottes und verleiht ihm Ausdruck (Lk. 9,35; Hebr. 1,1-2); als *Priester* erweist er Gott mit dem einzigen für Gott annehmbaren Opfer am Kreuz die Ehre (Hebr. 4,14-5,10; 8,1-2); als *König* herrscht er – über sich selbst, seine Feinde und die Welt, in der er lebt (Phil. 2,9-11).

In Jesus wird wieder das vollkommene Ebenbild Gottes für uns sichtbar; und dies unter Voraussetzungen, die sich völlig von denen unterscheiden, in denen Adam sündigte und fiel. Christus ist wahrhaftig der *zweite Mensch* – der einzige seit dem Fall, der Gottes Bildnis trägt und an dem Gottes Intention für den Menschen sichtbar wird. Er ist ebenso der *letzte Adam*, denn er erfüllt all das für uns, was Gott dem ersten Adam zu sein gebot. Jesus enthüllt für uns das Ebenbild Gottes und zeigt uns, was wahre Kindschaft bedeutet. So wird er nicht nur zu unserem Erlöser, sondern auch zu einem 'Prototyp' für das, was Gott in all seinen Kindern bewirken will. Wir sind seine Brüder und Miterben (s. Hebr. 2,5-18). Es sollte daher für niemanden überraschen, daß auch der Plan für das Wirken Gottes in unserem Leben nach diesem Vorbild gemacht ist. Gott beabsichtigt, uns in das Ebenbild unseres *großen älteren Bruders* zu verwandeln, der der Erstgeborene unter vielen Brüdern und Schwestern ist!

Es wurde nun genug gesagt, um die Tatsache zu unterstreichen, daß Kindschaft im Geflecht, des von Gott erdachten Plans, ein Bestandteil von äußerst großer Bedeutung ist. Sie ist zwar nicht der einzige Bestandteil, aber doch ein Bestandteil, auf den man nicht verzichten kann.

* * *

Unsere Kindschaft hat wichtige praktische Auswirkungen auf unser christliches Leben. Eine der grundlegendsten verdeutlicht uns Jesus in seinem Gleichnis vom verlorenen Sohn. Zweifelsohne sollte dieses Gleichnis das „Gleichnis der beiden Söhne" genannt werden oder auch das „des älteren Bruders". Der Zusammenhang macht dies deutlich (Lk. 15,1-2).

Der ältere Bruder repräsentiert einen Pharisäer. Aber dieser Pharisäer lauert in den Herzen der meisten Menschen, und sein Einfluß wird durch die Bekehrung nicht immer völlig zerstört werden. Der ältere Bruder lebte mit dem Vater und er diente dem Vater. Aber tatsächlich hatte er (wie die *Gute Nachricht Bibel* anschaulich übersetzt) das Gefühl, ihm wie ein „*Sklave*" gedient zu haben (Lk. 15,29). Letztendlich stellt sich heraus, daß es der ältere Bruder war, der im geistigen Sinne in einem fernen Lande war, denn bis dahin stand er nicht in einer wahren Sohnesbeziehung zu seinem Vater. Er betrachtete seinem Vater als einen Sklavenhalter und sich selbst sah er als Sklaven, nicht als Sohn.

Mehr oder weniger tragen viele Christen diesen Geist des älteren Bruders in sich. Sie bleiben in einer gewissen Entfernung zu Gott und vielleicht verstehen den Gehorsam des christlichen Leben sogar als eine Form der Sklaverei. Auf emotionaler und psychologischer Ebene sehen sie Gottes gnädige Absicht völlig verzerrt und geben nur widerstrebend dem Einfluß des Wortes Gottes nach. Ihr Verhältnis zum Vater ist eher von Mißtrauen ihm gegenüber geprägt als von der Freude, Gemeinschaft mit ihm zu haben. Sie können ihm nicht vertrauen und können daher auch nachvollziehen, daß Hingabe an Gott, ihrem Vater im Himmel, eine Freude ist. Sie kennen nur, was Paulus als „*Sklavengeist*" beschreibt (Röm. 8,15).

Heute wird die christliche Gemeinde mehr denn je von schön ausgefeilten und schnellen Antworten auf derartige geistliche Schwierigkeiten geplagt. Was jedoch wirklich gebraucht wird, ist eine Antwort, die der biblischen Wahrheit entspricht, gerade weil es sich hier sowohl um theologische als auch um emotionale bzw. psychologische Probleme handelt. Denn die Wurzeln dieser Probleme liegen in unser Vorstellung von Gott und wie wir unser Verhältnis zu ihm sehen. Kein Lösungsvorschlag, der nicht geduldig den wahren Charakter Gottes und unsere Beziehung zu ihm als seine Kinder darlegt, kann jemals eine erfolgreiche und langfristige geistliche Hilfe bieten. Allein das Wissen, daß der Vater uns seine Liebe erwiesen hat, so daß wir uns Kinder Gottes nennen können – und es auch wirklich *sind* (1.Joh. 3,1-2) –, wird im Laufe der Zeit genau das Heilmittel sein, in dem sich unsere Ängste, unser Mißtrauen und unser Argwohn gegenüber Gott genauso auflösen werden wie unser Gefühl der Entfremdung. Dann erst werden wir als Kinder unseres himmlischen Vaters mehr Vertrauen und Zuversicht erfahren können.

Die folgenden Kapitel sollen dieses Vertrauen und diese Zuversicht wecken. Anhand verschiedener biblischer Kernaussagen über das Selbstverständnis des Christen soll näher untersucht werden, was es heißt ein Kind des lebendigen Gottes zu sein.

Kapitel 2

VON NEUEM GEBOREN!

Gottes ganze Absicht besteht darin, seinen Sohn Jesus Christus zu ehren, indem er ihn zum „Erstgeborenen unter vielen Brüdern und Schwestern" macht (Röm. 8,29). Uns will er zu Kindern Gottes machen. Aber wie kann er das erreichen?

Allein schon, daß diese Frage gestellt wird, widerspricht der weitverbreiteten Auffassung, daß wir alle – ganz selbstverständlich – Kinder Gottes sind. Aber lehrte Jesus nicht seine Jünger, Gott *Vater* zu nennen? War nicht auch Paulus der Meinung: „Wir sind seines Geschlechts" (*LB,* Apg. 17,28)?

Es stimmt, daß die Bibel dort, wo Gott als Schöpfer aller Dinge auftritt, manchmal von seiner Vaterschaft spricht. Er ist der „Vater des Lichts" (*LB,* Jak. 1,17) und der Eine, der das Universum ins Leben rief. Doch dies ist nicht die übliche Bedeutung, die Gottes Vaterschaft in der Heiligen Schrift hat. Normalerweise ist sie begrenzt auf die besondere Vater-Sohn-Beziehung, die zwischen Gott, dem Vater, und seinem Sohn Jesus Christus und auch zwischen Gott, dem Vater, und allen, die ihn kennen und ihm vertrauen, besteht. Da diese Deutung der Vaterschaft Gottes unsere Kindschaft und unsere Gemeinschaft mit ihm beinhaltet, wird deutlich, daß nicht alle Menschen seine Kinder sind und ihn Vater nennen.

Dies ist ein ganz entscheidender Ausgangspunkt des christlichen Evangeliums: Wir sind nicht von Natur aus Kinder Gottes. Wir müssen erst zu seinen Kindern *werden.* Von Natur aus sind wir von Gott entfremdet. Dies ist der Grundgedanke, der sich durch die Argumentation des Paulus in Römer 1,18 - 3,20 zieht.

Nicht einer von uns besitzt von Natur aus die Eigenschaften eines Gotteskindes. Statt dessen weisen wir alle Merkmale der Auflehnung gegen ihn auf. Wir haben uns von seiner väterlichen Führung in unserem Leben abgewandt. Wir wissen nicht, was es heißt, mit ihm Frieden zu haben (Röm. 3,17). Wir wissen auch nicht, was es heißt, eine kindliche Furcht vor ihm zu empfinden (Röm. 3,18). Darum haben wir die Botschaft des Evangelium so nötig.

Von Natur aus sind wir Kinder des Zorns und nicht Kinder Gottes (Eph. 2,3). Anstatt uns als liebenswerte Lausejungen anzusehen, sieht uns Gott so, wie wir denn auch wirklich sind: Treulose Sünder, die nur sein Gericht verdient haben – „verlorene Söhne", die sowohl „verloren" als auch „tot" sind (*LB, Lk.* 15,32). Es gibt für uns daher keinen schlimmeren Irrglauben als den, daß wir von Natur aus seine Kinder sind. Wie gesagt, wir müssen vielmehr erst zu Gottes Kindern werden.

Von dieser Voraussetzung geht auch Johannes im Prolog zu seinem Evangelium aus, wenn er schreibt: „Aber allen, die ihn aufnahmen und ihm Glauben schenkten, verlieh er das Recht, Kinder Gottes zu werden. Das werden sie nicht durch natürliche Geburt oder menschliches Wollen und Machen, sondern weil Gott ihnen ein neues Leben gibt" (Joh. 1,12-13). Johannes konnte es nicht deutlicher ausdrücken: Wir müssen erst zu Kindern Gottes *werden*. Vor allen Dingen können wir nur durch *Gottes willentliche Entscheidung* seine Kinder werden. Diese Neugeburt, die Johannes hier und an anderen Stellen beschreibt, steht uns weder von Natur aus zu noch liegt es in unserer Macht, sie zu erlangen! Dies ist nicht nur niederschmetternd für unseren menschlichen Stolz, sondern es unterstreicht auch die geistliche Not unserer jetzigen Situation.

Der Prolog zum Johannesevangelium hat die gleiche Funktion wie die Ouvertüre in einer Symphonie. Beide deuten die verschiedenen Motive an, die dann im folgenden weiter ausgearbeitet werden. Johannes erläutert und veranschaulicht, was er unter einer Neugeburt, die allein Gott bewirkt, versteht, wenn er später im 3.Kapitel die Begegnung zwischen Jesus und Nikodemus beschreibt.

Nikodemus war „ein anerkannter Lehrer Israels" (Joh. 3,10), Aber dennoch schien er nicht in der Lage zu sein, zu verstehen, was der Herr über die Notwendigkeit einer Neugeburt lehrte, wenn man ein Kind Gottes werden wollte. Hier war ein Mann mit allen nur möglichen natürlichen Vorteilen: Ein Jude, der die Verheißungen und das Wort Gottes auswendig kannte; ein Pharisäer, der gewissenhaft nach den Gesetzen Gottes lebte; ein Theologiestudent – mehr noch, einer der führenden Theologieprofessoren seiner Zeit. Wenn es einen tief religiösen Menschen gab, dann war es Nikodemus. Und doch verstand er nicht, daß er von neuem geboren werden mußte, um ein Kind Gottes zu werden und in sein Reich kommen zu können.

Nikodemus steht für alles, was einem Menschen möglich ist, ohne ein Mitglied der Familie Gottes zu sein. Als Jesus ihm sagte, daß niemand das Reich Gottes sehen oder erreichen könne, ohne zuvor wiedergeboren zu werden, zeigt Nikodemus eben diese Unfähigkeit, das Königreich, von dem Jesus sprach, zu sehen. Er fragt ihn: „Wie ist so etwas möglich?" (Joh. 3,9). Erst später wird ihm der Unterschied zwischen dem Dazugehören zur Familie Gottes und dem Dazugehören zur Familie Satans klar (Joh. 8,42-47; 19,39; 1.Joh. 3,10).

Was ist nun eigentlich diese neue Geburt, von der Jesus sprach und die dem Dazugehören zur Familie Gottes zugrunde liegt? Häufig wurde diese neue Geburt als eine ganz besondere und persönliche Bekehrungserfahrung verstanden. In den letzten Jahren war es – besonders in Amerika – geradezu modern, sich als 'wiedergeboren' ('born again') zu bezeichnen. Die Medien bezeichneten dies als eine 'soziologische Bewegung'. Doch in den meisten Fällen beinhaltete diese Aussage wenig mehr als eine religiöse Erfahrung ganz unbestimmter Art. Das Neue Testament meint dagegen etwas ganz Bestimmtes.

An dieser Stelle scheint es wichtig, ein warnendes Wort einzufügen. *'Von neuem geboren werden', Wiedergeburt* und *Erneuerung*, können sehr leicht zu Schlagwörtern werden. Doch die

Verwendung einer biblischen Sprache bedeutet nicht, daß wir auch eine echte biblische Erfahrung gemacht haben. Ein paar Informationen über den Hintergrund des Neuen Testaments können uns helfen, dies zu verstehen.

Die Idee einer Erneuerung oder Neugeburt war im ersten Jahrhundert vor Christus nicht auf den christlichen Glauben beschränkt. Sie war im Gegenteil auch unter den mystischen Religionen der antiken Welt üblich. (Dies könnte auch der Grund sein, warum Paulus diese Terminologie generell vermeidet.) Daher legt das Neue Testament großen Wert darauf, zu erklären, was unter einer Neugeburt zu verstehen ist. In wenigen Worten zusammengefaßt bedeutet Neugeburt: *Anteil zu haben am Auferstehungsleben und der Kraft Jesu Christi und eine lebendige Gemeinschaft mit ihm einzugehen.*

Jesus prophezeite, daß eine letzte Neugeburt (oder Erneuerung) am Ende der Zeit stattfinden würde (Mt. 19,28). Seine Auferstehung von den Toten war genaugenommen der erste Anfang dieses großen Ereignisses (1.Kor. 15,20). Dadurch wurde er „der Erstgeborene von vielen Brüdern und Schwestern" (Röm. 8,29). Das erklärte Ziel Gottes ist es, uns in gleicher Weise nämlich durch unsere Auferstehung (Phil. 3,21) in das Ebenbild seines Sohnes zu verwandeln.

In diesem Sinne können wir die Auferstehung Jesu zurecht als seine *Wiedergeburt* bezeichnen. Er war tot wegen der Sünde (unserer – nicht seiner!), doch Gott erweckt ihn zu neuem Leben (Röm. 6,9-10). Er wurde verwandelt und eingesetzt als „Sohn Gottes in Kraft durch die Auferstehung von den Toten" (*LB*, Röm. 1,3-4) und ging so in eine neue Dimension des menschlichen Lebens ein, in der „der Tod ... hinfort über ihn nicht herrschen" kann (*LB*, Röm. 6,9).

Folgerichtig war für Paulus der Tag der Auferstehung Jesu auch der Tag, an dem er in die neue Familie Gottes geboren wurde:

„Und wir verkünden euch nun also die gute Nachricht, daß Gott seine Zusagen eingelöst hat! Was er unseren Vorfahren versprochen hatte, das hat er für uns, die Nachkommen, in Erfüllung gehen lassen. Er hat Jesus vom Tod auferweckt, und damit ist eingetreten, was beispielsweise im zweiten Psalm geschrieben steht, wo Gott sagt: 'Du bist mein Sohn, heute habe ich dich dazu gemacht!'" (Apg. 13,32-33)

Paulus erkannte, daß das 'heute' in Psalm 2 auf die Auferstehung Jesu hinwies. Dies bedeutet nicht, daß Jesus erst im Moment seiner Auferstehung Gottes Sohn *wurde*. Es bedeutete, daß er als Gott-Mensch, als 'Mensch für die anderen', die ersten menschlichen Schritte auf dem Boden der kommenden Welt machte. Neil Armstrongs Worte, als dieser den ersten Schritt eines Menschen auf den Mond machte, treffen in einer viel tiefsinnigeren Weise auf den Morgen nach Jesu Auferstehung zu. Er darf wirklich als 'ein gewaltiger Schritt für die Menschheit' bezeichnet werden. Denn was am älteren Bruder geschah wird eines Tages auch im Leben aller Kinder geschehen. Aber das ist nicht alles. Durch unsere Gemeinschaft mit ihm, zu der wir durch unsere Erneuerung bzw. Wiedergeburt befähigt werden, können wir *jetzt* schon die ersten Strahlen jenes herrlichen Morgens erleben. Das Licht der kommenden Welt ist bereits über den Horizont unseres Lebens gekrochen und schickt ihre Strahlen in die vom Tod überschatteten Tage, in denen wir leben (Röm. 13,11-12).

Diese Geburt einer neuen Bruderschaft wirft auch ein neues Licht auf die andernfalls rätselhaften Worte, die Jesus zu Maria Magdalena am Morgen seiner Auferstehung sprach. Als sie ihn berühren wollte, sprach Jesus zu ihr: „Halte mich nicht fest! Ich bin noch nicht zum Vater zurückgekehrt. Aber geh zu meinen Brüdern und sag ihnen von mir: 'Ich kehre zurück zu meinem Vater und eurem Vater, zu meinem Gott und eurem Gott.'" (Joh. 20,17).

Diese Worte werden für gewöhnlich so interpretiert, daß Jesus auf den Unterschied zwischen seiner Beziehung zu seinem Vater und unserer Beziehung zu seinem Vater hinweisen möchte. Tatsächlich möchten sie uns aber fast das Gegenteil lehren! Jesus sagt im Grunde genommen folgendes: 'Genauso wie mich Gott durch meine Auferstehung wiedergeboren hat, so werdet auch ihr durch eure geistliche Auferstehung meine Gemeinschaft mit ihm teilen. Er ist mein Vater, doch weil ihr meine Brüder und Schwestern seid und wir somit eine Familie Gottes geworden sind, ist er auch euer Vater.'

Genau darum geht es auch Paulus, wenn er Gottes Werk der Gnade in Christus als eine „neue Schöpfung" (2.Kor. 5,17) beschreibt. Gott schuf diese Welt zu seiner Ehre und als Lebensraum, in dem der Mensch als Kind Gottes leben sollte. Er schuf den Menschen (d.h. Mann und Frau) nach seinem Bilde (1.Mose 1,26-27). Und wie wir bereits gesehen haben, ist in der Welt des Alten Testamentes die Vorstellung, jemandes Ebenbild zu sein, immer mit Familienähnlichkeit verbunden (vgl. 1.Mose 5,3).

Bei der Schöpfung wurde der Mensch als Ebenbild Gottes geschaffen, bzw. als Sohn Gottes. Doch er fiel von diesem Status. Die Herrlichkeit, für die er geschaffen war, wurde nachhaltig verdorben und ihre Wirklichkeit verzerrt. Tragischer Weise wurde die gesamte Schöpfung davon betroffen – so sehr, daß Paulus sogar davon spricht, „daß die ganze Schöpfung bis jetzt noch stöhnt und in Wehen liegt wie eine Frau bei der Geburt" (Röm. 8,22). Aber was für eine Geburt erwartet die Schöpfung? Paulus erklärte: „Alles Geschaffene ist der Sinnlosigkeit ausgeliefert, versklavt an die Vergänglichkeit, und das nicht durch eigene Schuld, sondern weil Gott es so verfügt hat. Er gab aber seinen Geschöpfen die Hoffnung, daß auch sie eines Tages von der Versklavung an die Vergänglichkeit befreit werden und teilhaben an der unvergänglichen Herrlichkeit, die Gott seinen Kindern schenkt" (Röm. 8,20-21).

Die Schrift sehnt den Tag herbei, an welchem all das geschehen wird, was ursprünglich einmal geplant war. Der Fall des Menschen mit all seinen Frustrationen und dem Verfall der natürlichen Ordnung wird wiedergutgemacht werden. Es wird eine neue Schöpfung entstehen, an der das ganze Universum teilhaben wird. Paulus meint genau das, wenn er von einer neuen Schöpfung spricht. Dann wird sich endlich alles, was Gott den Frauen und Männern, die er dazu bestimmt hat, sein Ebenbild – seine

Söhne und Töchter – zu sein, erfüllen. Dies ist, was Jesus als „Wiedergeburt" (*LB*, Mt. 19,28) beschreibt. Es wird eine neue Schöpfung sein.

Aber das ist nicht einfach ein „*weit entferntes* göttliches Ereignis, auf welches sich die gesamte Schöpfung zu bewegt" (Tennyson). Aus Sicht des Neuen Testaments gibt es Anzeichen dafür, daß dies *bereits* begonnen hat. Die Auferstehung Jesu war der Beginn dieser neuen Schöpfung. Sie ist das Erwachen eines herrlichen Frühlings, den Gott schenkt, und die Garantie für die Ernte, die am Ende eingebracht werden wird. Die Erneuerung hat mit Jesus bereits begonnen. Und sie geht in jedem von uns weiter, wenn wir durch Gottes Gnade mit ihm verbunden und ein Glied der neuen Familie sind, deren Erstgeborener er ist (Kol. 1,18; Hebr. 12,23). Ein Kind Gottes, d.h. von neuem geboren zu werden, bedeutet also nichts geringeres, als am Auferstehungsleben und der Bruderschaft Jesu teilzuhaben!

In unserer heutigen Zeit müssen wir aus verschiedenen Gründen lernen, uns die Größe und Bedeutung unserer Beziehung zu Jesus bewußt zu machen.

Zum einen neigen wir dazu, die Wiedergeburt als eine unerklärliche, persönliche und mystische Erfahrung zu betrachten. Das Neue Testament hingegen versteht unter einer Neugeburt das Eingehen einer Gemeinschaft und Bruderschaft mit Jesus Christus. (Das ist auch der Grund dafür, daß in Johannes 3 die Lehre über die Wiedergeburt eingebettet ist in Aussagen über das Vertrauen und den Glauben an Jesus als den Erretter, s. Joh. 3,16).

Ein anderer Grund, warum die neue Geschwisterbeziehung mit Jesus so betont werden muß, liegt darin, daß sie uns bewußt macht, wie herrlich die Wiedergeburt ist. Wir neigen dazu, eine sehr oberflächliche Vorstellung von dem zu haben, was Gott für uns getan hat. Doch wenn uns erst einmal klar wird, daß wir eine Geschwisterbeziehung mit dem auferstandenen Herrn Jesus Christus eingegangen sind und somit auch teilhaben an der Kraft seiner Auferstehung, und daß Gott dabei ist die Herrlichkeit seines Ebenbildes in unserem Leben wiederherzustellen, dann wird jeder, der von neuem geboren wurde, über die großartige Veränderung jubeln, die Gott durch seinen Geist in uns bewirkt hat! Wir werden uns nicht mehr wünschen (wie es einige fälschlicherweise tun), daß wir eine spektakuläre Bekehrung erlebt hätten, denn es wird uns klar werden, daß die Gnade Gottes genauso wundervoll in unserem Leben wirkt, wie in dem Leben jener, deren Bekehrungen in der christlichen Presse so große Schlagzeilen machen. Es fällt Gott nicht leichter, *Ihnen persönlich* die Wiedergeburt zu schenken, als dem schlechtesten Menschen, der jemals lebte!

In Kapitel 4 werden wir einige Auswirkungen der Erneuerung im Leben eines Christen kennenlernen. Zum jetzigen Zeitpunkt sollten wir hingegen eine wichtige Aussage in der Lehre des Paulus unterstreichen. Wenn Paulus erklärt, was die Erneuerung, wie sie in der Taufe symbolisiert wird, beinhaltet, dann sagt er: „Wenn wir mit ihm zur Gleichheit des Todes verwachsen (= aufs engste verbunden) sind, so werden wir es auch hinsichtlich seiner Auferstehung sein" (*Menge*, Röm. 6,5).

Der Ausdruck „mit ihm verwachsen oder verbunden sein" ist ein interessanter Begriff im paulinischen Sprachgebrauch. Wissenschaftler sind sich nicht darüber einig, ob er von dem Verb 'zusammenpflanzen' oder 'zusammenwachsen' stammt. In jedem Fall wird uns ein anschauliches Bild davon vermittelt, was es heißt, durch Wiedergeburt Christ zu werden. Es bedeutet, zusammen mit Jesus in den Boden seines Todes, den er stellvertretend für unsere Sünden erlitt, eingepflanzt zu werden. *Oder* es kann bedeuten, so mit ihm verbunden zu sein, daß unser Leben als Christen aufgrund der Verbindung mit ihm in seinem Sühnetod wächst (Röm. 6,10: „Mit seinem Tod hat Christus der Sünde ein für allemal gegeben, was sie zu fordern hat"). Paulus betont diese Bedeutung weiterhin, wenn er schreibt, daß wir Menschen sind, die der Sünde gestorben sind (*LB*, Röm. 6,2).

Was bedeutet es, der Sünde zu sterben? Vom Zeitpunkt unserer Wiedergeburt an haben wir ein neues Verhältnis zur Sünde, die uns einst gefangen hielt. Wir sind ihr abgestorben. Sie ist nicht länger unser Herr und wir nicht länger ihr Sklave. Früher regierte sie über uns und befehligte uns, wie ein General seine

Artillerie nach Gutdünken befehligt, und bezahlt wurde uns der Lohn eines Arbeitnehmers (s. Röm. 6,14.17.23).

Paulus meint nun nicht, daß wir von der Gegenwart oder dem Einfluß der Sünde völlig frei sind. Sünde wohnt immer noch in den Kindern Gottes (Röm. 7,17.20), aber sie haben nicht mehr dasselbe Verhältnis zu ihr. Sie gehören jetzt zu einer neuen Familie, in der die Sünde nicht mehr an der Tagesordnung ist. Statt dessen prägen Gerechtigkeit, Frieden und Freude das Familienleben des Volkes Gottes (Röm. 14,17). Wir sind jene Menschen, die schon einen Vorgeschmack auf die Befreiung aus der Herrschaft der Sünde bekommen haben, die mit der Erneuerung aller Dinge vollendet werden wird.

Diese Lehre sollte uns in einer Zeit, in der so viele Menschen das Gespür für ihre Identität verloren haben, äußerst hilfreich sein. Entweder suchen sie in der Vergangenheit nach ihren Wurzeln. Oder sich suchen nach etwas, zu dem sie jetzt in der Gegenwart gehören können. Unsere Wurzeln als Christen liegen in Jesus Christus; wir gehören zu ihm und seiner Familie. Durch diese Veränderung in unserem Leben empfangen wir neue Kraft und Sicherheit in unserem Leben.

Wie nun findet diese Erneuerung statt? Wie bei einer natürlichen Geburt ist sie nicht etwas, was wir selbst veranlassen können. Von Natur aus sind wir tot in unseren Übertretungen und Sünden (Eph. 2,1). Allein Gott kann uns durch seinen Heiligen Geist zu einer neuen Geburt verhelfen. Er tut dies durch die Kraft der Auferstehung Christi von den Toten (1.Pet. 1,3). Genauso wie Christus am Grabe des Lazarus stand, seinen Namen rief, der Tote daraufhin wieder anfing zu leben und aus seinem Grabe auftauchte (Joh. 11,43-44), so spricht Jesus Christus auch zu unseren toten Herzen, ruft uns beim Namen und wir antworten (Joh. 5,25; 10,3). Gott haucht uns mit seinem Geist an – wie bei seiner ersten Schöpfung – und wir beginnen ein neues Leben. Erneuerung ist eine souveräne Handlung Gottes.

Ähnlich der natürlichen Geburt, wo wir uns des genauen Moments der Empfängnis zwar nicht bewußt sind, doch aktiv aus dem Leib unserer Mutter kommen und den ersten Schrei unseres

Lebens tun, so ist es auch bei der Wiedergeburt. Wenn wir neues Leben von Gott erhalten, fangen wir auch an zu schreien. Und wie uns Paulus in seinem großartigen Kapitel über die Gotteskindschaft bezeichnenderweise erklärt, rufen wir: „*Abba!* Vater!" (Röm. 8,15). Dies ist – vielleicht mehr als alles andere – das Zeichen dafür, daß wir von neuem geboren wurden. Wir erkennen nun, daß Gott *unser Vater* ist. Dies ist der Beginn eines neuen Lebens, das durch Erziehung, Pflichten, Vorrechte und Freuden innerhalb der Familie Gottes immer mehr zur Entfaltung kommt.

Mit einem solchen Leben in Aussicht, wer würde sich noch zufrieden geben, bevor er nicht in diese Familie hineingeboren worden wäre?

Kapitel 3

ADOPTIERT!

Wir haben gesehen, daß wir durch die Kraft des Heiligen Geistes, der uns zu einem neuen Leben in Christus verhilft, Kinder unseres himmlischen Vaters werden. Er bewirkt in uns eine neue Geburt. Durch diese schöpferische Handlung Gottes werden wir in eine neue Familie aufgenommen. Wir werden Kinder in Gottes Reich.

Es gibt noch eine weitere Bedeutung unserer Kindschaft, die wir berücksichtigen müssen. In der Welt der Bibel war Kindschaft sowohl eine juristische als auch eine geschaffene Beziehung. Ein Sohn wurde erst durch eine besondere Handlung des Vaters als solcher anerkannt. Allem Anschein nach war zum Beispiel eine traditionelle Form der Anerkennung, daß ein Kind auf den Knien des Vaters geboren wurde, bzw. auf die Knie desjenigen gelegt wurde, der als der Vater angesehen werden sollte (s. 1.Mose 50,23).

Die gleiche zweifache Bedeutung liegt dem Verständnis des Neuen Testaments vom Christen als einem Kind Gottes zugrunde. Wir werden durch das Werk des Heiligen Geistes in Gottes Familie geboren. Doch gleichzeitig werden wir auch durch einen eindeutigen, juristischen Akt Gottes in diese Familie aufgenommen. Der Apostel Paulus war der Auffassung, daß die juristische Bedeutung unserer Gotteskindschaft auch unser christliches Leben berührt. Er benutzte den Begriff der *Adoption* (*huiothesia* – 'als ein Sohn angenommen sein'; in der Lutherbibel mit 'Kindschaft' wiedergegeben), um sie zu beschreiben.

Theologen haben lange nach dem Ursprung dieses Gedankens geforscht, der für die Schriften des Paulus so grundlegend ist. Viele kamen zu dem Schluß, daß das Alte Testament keine Vorstellung von dem hatte, was Adoption ist. Das Familienleben im Alten Testament war so aufgebaut, daß Adoption unnötig war. Andererseits kannte die hellenistische Welt, die vom römischen Gesetz bestimmt war und in welcher sich Paulus bewegte, sehr wohl solch ein Konzept. Entsprechend argumentierte man, daß der Hintergrund für die Beschreibung der Christen als Gottes adoptierte Kinder in der römischen Gesetzgebung zu finden sei.

Paulus paßte freilich das Evangelium nicht an, um es der säkularen Welt seiner Zeit angenehm zu machen. Es wäre aber falsch anzunehmen, daß er einfach das römische Gesetz nahm und dann die Botschaft des Evangeliums hineinpreßte. Vielmehr merkte er, daß die römische Vorstellung einer Adoption eine gute Möglichkeit war, den Christen zu beschreiben, was ihre Gotteskindschaft beinhaltet. Professor Francis Lyall schreibt:

> Die tiefgreifende Bedeutung der römischer Adoption lag darin, daß der Adoptierte aus seinem vorhergehenden Status enthoben wurde und in eine neue Beziehung als Sohn zu seinem neuen Vater, seinem neuen *paterfamilias* (Haupt der Familie), gestellt wurde. Alle seine alten Schulden wurden getilgt, und in gewisser Hinsicht startete der Adoptierte ein völlig neues Leben als Teil seiner neuen Familie. Von diesem Zeitpunkt an hatte der *paterfamilias* die gleiche Kontrolle über sein neues *Kind* wie über seine natürlichen Nachkommen. Ihm gehörte der ganze Besitz und alle Habseligkeiten des adoptierten Kindes; er kontrollierte dessen persönliche Beziehungen und hatte das Recht, disziplinarische Maßnahmen zu ergreifen. Auf der anderen Seite war der Vater aber auch haftbar für das, was sein adoptiertes Kind tat. Beide schuldeten sich gegenseitige Unterstützung und Unterhalt.[5]

---

[5] LYALL, Francis: *Slaves, Citizens, Sons: Legal Metaphors in the Epistles*, Grand Rapids (Zondervan), 1984, S. 83

Dieser römische Hintergrund wird noch deutlicher, wenn man bedenkt, daß die einzigen Gelegenheiten, bei denen Paulus den Ausdruck 'adoptierter Sohn' (huiothesis) verwendet, seine Briefe an die Gemeinden in Rom oder in den römischen Kolonien sind (Röm. 8:15; 9:4, Gal. 4:5, Eph. 1:5).

Es gibt also zwei Seiten unserer Kindschaft: Die erste ist Neuschöpfung (oder Erneuerung) und die zweite ist Adoption durch Gott, d.h. unsere Aufnahme in seine Familie. Diesen zweiten Aspekt werden wir im folgenden noch etwas näher betrachten.

Den Grund für unsere Adoption finden wir allein bei Gott. Genauso wie wir von neuem geboren wurden, weil er dies wollte (Jak. 1,18), so werden wir nun adoptiert, weil er uns liebt. So begründet Johannes unseren Status als Kinder Gottes: „Seht, welch *(potapos)* eine Liebe hat uns der Vater erwiesen, daß wir Kinder Gottes heißen sollen – und wir sind es auch!" (*LB*, 1.Joh. 3,1). Johannes verwendete das Wort *potapos* mit der Bedeutung 'von welcher Art'. An dieser Stelle im Johannesbrief kann es auch die Bedeutung 'von welcher Größe!' haben. Die Wurzel dieses Wortes ist im frühklassischen Griechisch zu finden, und zwar in dem Wort *podapos*, welches die Bedeutung 'aus welchem Land' hat. Vielleicht drückt dies den Gedanken aus, den Johannes an dieser Stelle hat: Er spricht über eine Liebe, die aus einem anderen Land stammt, ja sogar aus einer ganz anderen Welt! Auf jeden Fall wird das Erstaunen fühlbar, das Johannes verspürt. Er legt große Bedeutung auf das 'wir': 'Wir, die wir die Empfänger der Liebe Gottes sind'. Und damit meint er die, die sich von Gott und seinem Willen abgewandt und seine Vorsehung und Liebe verachtet hatten. Es scheint fast unglaublich, daß Gott *uns* zu seinen Kindern machen sollte!

Versuchen Sie einmal, sich in die Situation des verlorenen Sohnes hineinzuversetzen, wie er darüber nachdenkt, wieder zu seinem Vater zurückzukehren. Folgender Gedanke dominiert alle anderen: „Mein Vater hat so viele Arbeiter, die bekommen alle mehr, als sie essen können, und ich komme hier um vor Hunger. Ich will zu meinem Vater gehen und zu ihm sagen: Vater, ich bin vor Gott und vor dir schuldig geworden; ich bin es nicht mehr wert, dein Sohn zu sein. Nimm mich als einen deiner Arbeiter in Dienst!" (Lk. 15,17-19).

Natürlich hatte er recht. Sein Erbe hatte er schon erhalten und bereits alles verschwendet, was ihm als Sohn rechtlich zustand. Es entsprach der nackten Wahrheit, als er sagte, daß er es nicht länger wert sei, seines Vaters Sohn genannt zu werden.

Es ist sicher verständlich, daß der von Schuldgefühlen geplagt Sohn nur Augen für sein sündiges Verhalten hatte, anstatt seinen Vater anzuschauen und dessen Charakter. Als er zurückkehrte, erfuhr er – zu seinem großen Erstaunen – die Liebe, mit der ein Vater seine Kinder überschüttet. Genau darum geht es Johannes in seinem Brief.

Zweifelsohne konnte der verlorene Sohn erst gar nicht fassen, was mit ihm passierte. Da war sein Vater, der ihm entgegen lief, ihm um den Hals fiel, ihn mit Küssen überhäufte und den, wie Jesus sagte, „das Mitleid ergriff" (Lk. 15,20). Doch im Herzen sagte sich dieser Sohn wahrscheinlich immer noch: „Vater, ...ich bin vor Gott und vor dir schuldig geworden, ich bin es nicht mehr wert, dein Sohn zu sein!" (Lk. 15,21). Wegen seines sündigen Verhaltens war sein Gewissen so sehr von Schuldgefühlen geplagt, daß er die liebevollen Gesten seines Vaters einfach nicht erwartet hatte. Wie konnte sein Vater ihn immer noch lieben? Den Beweis für seine Liebe erbrachte der Vater, als er seinem Sohn das schönste Festgewand anlegte, den Familienring überstreifte und ihm eine fröhliche Feier ausrichtete.

Obwohl dieses Gleichnisse wahrscheinlich die bekannteste und beliebteste aller Geschichten ist, die Christus erzählt hat, wird die Botschaft, die dieses Gleichnis für uns *Christen* beinhaltet, vielfach übersehen. Jesus unterstreicht die Tatsache, daß uns – trotz gegenteiliger Annahmen – die Wirklichkeit der Liebe Gottes oft das letzte auf der Welt ist, dessen wir uns bewußt werden. Wenn wir unsere Augen auf uns selbst richten, auf unsere vergangenen Fehler und unsere gegenwärtige Schuld, dann scheint es uns unmöglich zu glauben, daß der Vater uns liebt.

Viele Christen gehen mit dem Mißtrauen des verlorenen Sohnes durch ihr Leben. Sie konzentrieren sich ganz auf ihre Sünden und ihr Versagen; ihr ganzes Denken ist nach Innen gerichtet – nur auf sich. Aus diesem Grund beginnt Johannes seine Feststellung über die Liebe des Vaters mit einem Wort (im griechischen Text), das uns auffordert, aufzuhören auf uns selbst zu schauen, damit wir einen intensiven Blick auf das richten, was Gott getan hat: *Seht!* – schaut und betrachtet – wie uns der Vater mit Liebe überhäuft (1.Joh. 3,1)!

Das Gleichnis vom verlorenen Sohn macht uns das Wunder der Liebe Gottes an einem Punkt sogar noch bewußter. Es wird im Allgemeinen angenommen, daß die Vaterschaft Gottes und die Bruderschaft der Menschen zu den Wahrheiten gehören, derer sich jeder Mensch instinktiv bewußt ist. Doch das genaue Gegenteil ist der Fall. Menschen, die nicht an Jesus Christus glauben, tragen kein instinktives Wissen um die Liebe des Vaters in sich. Vielmehr ähneln sie dem älteren Bruder im Gleichnis, denn sie glauben wie er, daß Gott ein strenger und fordernder Herr ist. Sie reagieren sogar feindselig, wenn der Vater seine freie, unverdiente Gnade austeilt.

Genau diese Unfähigkeit, die Güte des Vaters zu erkennen, sehen wir in der Schilderung des älteren Bruders. Geographisch war er seinem Vater sehr nahe; doch innerlich war er derjenige, der 'in einem fernen Land' lebte. Die Liebe und Gnade seines Vaters war ihm völlig fremd. Am Ende war er es und nicht sein jüngerer Bruder, der sich weigerte ins Haus zu gehen. Er wollte nicht glauben, daß der Vater ihn wirklich liebte. Was er fühlte und dachte, offenbaren seine Worte: „Du weißt doch: All die Jahre habe ich wie ein Sklave geschuftet, nie war ich dir ungehorsam" (Lk. 15,29). In seinem Innersten hatte er niemals begriffen, was es bedeutet, ein Sohn zu sein!

Stellen wir die beiden Einstellungen Gott gegenüber einmal nebeneinander:

(1) „Du weißt doch: All die Jahre habe ich wie ein Sklave geschuftet, nie war ich dir ungehorsam" (Lk. 15,29) und

(2) „Seht doch, wie sehr uns der Vater geliebt hat! Seine Liebe ist so groß, daß er uns seine Kinder nennt. Und wir sind es wirklich: Gottes Kinder!" (1.Joh. 3,1).

Welche der beiden Einstellungen entspricht eher Ihrer eigenen geistlichen Haltung?

John Cotton, einer der einflußreichsten Prediger der Gründerväter Neuenglands, bringt in seiner Auslegung zu 1.Joh. 3,1 durch einen sehr eindrucksvollen Kommentar zum Begriff „Seht!" ins Nachdenken:

> Dieses Wort tadelt den schiefen Blick der Menschen. Sie blicken nicht auf Gottes Liebe, sondern auf sich selbst und ihre eigene Verderbtheit und Anfechtung. Es ist schon ein Wunder, daß Gottes Kinder nur über ihre Verfehlungen ins Grübeln kommen, anstatt darüber nachzudenken, wieviel Liebe ihnen Gott zuteil werden läßt, indem er ihnen nachgeht und ihnen vergibt.[6]

Desgleichen bemerkt John Owen, ein Zeitgenosse Cottons und stark von dessen Lehrtätigkeit beeinflußt, daß Christen sogar dazu neigen, „mit ängstlichen, zweifelnden Gedanken" auf den Vater zu blicken. „Welch Fürchten, welch Hinterfragen seines guten Willens und seiner Güte es da gibt! Bestenfalls glauben viele, daß es bei Gott keine andere Liebenswürdigkeit uns gegenüber gibt außer der, die durch den hohen Preis des Blutes Jesu erkauft wurde."[7]

Heute geht der Trend innerhalb religiöser und evangelikaler Kreise in genau die entgegengesetzte Richtung. Wir haben gerade eine Phase hinter uns, in der das verbreitete Motto einer großen Anzahl von Christen lautete: 'Smile, God loves you!'[8]. Doch was man auf Buttons und Autoaufklebern liest, kann leicht zu einem Ersatz für die Wirklichkeit werden, die sie verkünden wollen!

---

[6] COTTON, John: *Commentary on 1.John, ad. 3:1.*
[7] OWEN, John: *Communion with God*, Edinburgh (Banner of Truth Trust), 1966, Band 2, S. 32
[8] *Lächle, Gott liebt dich!*

Auch können sie nie die tiefe innere Überzeugung vermitteln, daß Gott uns liebt und sich Gottes Liebe uns gegenüber darin offenbart hat, daß er uns zu seinen Kinder gemacht hat. Dagegen bewirkt das Wissen um unsere Adoption etwas in uns – in theologischer, geistlicher und psychologischer Hinsicht –, was alle Buttons der Welt niemals erreichen können!

* * *

In Übereinstimmung mit dem römischen Konzept der Adoption beinhaltete die Lehre des Paulus drei grundsätzliche Dinge: Die alten Familienbanden wurden aufgelöst, eine neue Familie zusammengefügt und neue Verpflichtungen wurden von Seiten dieser neuen Familie eingegangen. Genau dieselben Elemente beinhaltet auch unsere Aufnahme in die Familie Gottes.

Die alten Familienbanden wurden zerbrochen

Wir waren Kinder des Zorns, Diener und Sklaven im Königreich der Dunkelheit. Wir waren getrennt von Gott und seiner Familie. Doch dies ist nicht länger der Fall, denn nun sind wir „Gottes Hausgenossen" (Eph. 2,3.12.19).

Daß wir nun in Gottes Familie aufgenommen wurden, bedeutet, daß unsere ganzen alten Verpflichtungen und Schulden aufgehoben sind. Wir sind juristisch nicht länger für den Schuldenberg oder den sündigen Lebensstil verantwortlich, der uns charakterisierte, bevor wir Christen wurden (Röm. 6,17-18).

Am Beispiel des verlorenen Sohnes haben wir bereits gesehen, daß Christen häufig Schwierigkeiten haben, zu glauben, daß Gottes Liebe unerschöpflich und ganz real ist. An diesem Punkt bietet uns das Wissen und die wachsende Sicherheit, daß wir Kinder Gottes sind, Zuflucht und Schutz vor den Attacken Satans. Als er Jesus die Frage stellte, ob er denn wirklich Gottes Sohn sei, war dies Teil seiner Strategie, unseren Herrn zu versuchen (vgl. Mt. 4,3.6). Genauso stellt sich uns ein paralleles Problem. Satan wird uns die Sünden der Vergangenheit und der Gegenwart vorhalten. Er wird uns in Versuchung führen und zur

Sünde locken, der wir irgendwann erliegen werden; und dann wird er uns dazu bringen wollen, die Wirklichkeit unserer Beziehung zu Gott in Frage zu stellen: Können wir denn überhaupt Kinder Gottes sein, wenn solche Gedanken in unserem Kopf herumschwirren, und wir zu solchen Taten fähig sind, für die wir uns im Nachhinein zutiefst schämen?

Was antworten wir auf eine solche Versuchung? Unsere Antwort besteht zumindest teilweise darin, nicht zu vergessen, daß wir keine Kinder Gottes sind, weil wir dessen würdig wären oder es verdient hätten, sondern einzig durch eine freie und gütige Annahme an Kindes Statt. *Gott* hat uns erwählt. Unser Status hat nichts mit unserem Wert zu tun, sondern nur mit seiner Liebe!

Der Protest des älteren Bruders im Gleichnis deutet an, daß er den jüngeren Bruder für einen Heuchler hielt, weil er die überströmende Liebe seines Vaters annahm; schließlich hatte er doch das Geld des Vaters „mit Huren durchgebracht" (Lk. 15,30: Dies war aller Wahrscheinlichkeit nach eine völlige Übertreibung, die jedoch für die von Satan inspirierten Zweifel und Andeutungen charakteristisch ist!). Die Antwort des Vater rechtfertigt nicht das Geschenk der Gnade Gottes, sondern weist darauf hin, daß es der *erbarmungswürdige Zustand* des jüngeren Sohnes war, der ihn dazu veranlaßte, Barmherzigkeit und Heil zu schenken, nicht aber, weil er es verdient hatte. Das ist eben der Grund, warum wir die Lasten unseres vergangenen Lebens nicht mehr zu tragen brauchen.

Wie kann es sein, daß wir von dieser Last befreit sind? Nur weil wir *durch Christus* angenommen sind. Wir haben gesehen, daß Erneuerung und Wiedergeburt bedeutet, an Christi Auferstehung teilzuhaben. In gewisser Hinsicht könnte man nun auch sagen, daß unsere Adoption bedeutet, daß wir an Christi Einsetzung „als Sohn Gottes in Kraft durch die Auferstehung von den Toten" teilhaben (*LB,* Röm. 1,4). Die Auferstehung ist nämlich nicht bloß ein göttlicher Kraftakt im Leben Jesu. Sie ist auch eine öffentlich rechtliche Erklärung, daß Jesus als Sohn Gottes angenommen ist. Die Auferstehung ist die öffentlich rechtliche Demonstration, daß der Sohn von neuem in Gottes Familie aufgenommen wurde, der am Kreuz nicht verschont wurde, sondern dort dem göttlichen Gericht ausgesetzt war, starb und die Tiefen der Entfremdung von Gott erfuhr, als er ausrief: „Mein Gott, mein Gott, warum hast du mich verlassen?" (Mt. 27,46). Der Sohn Gottes, der uns zuliebe in das ferne Land ging, ist von den Toten zurückgekehrt und sein Vater hat ihn zur Begrüßung wieder in seine Arme genommen! Durch Gottes Gnade teilen wir diese Begrüßung.

Wenn unsere Adoption die Tilgung unserer ganzen Schuld und aller Verpflichtungen beinhaltet, bedeutet das nicht, daß sie einfach per göttlichem 'Dekret' für null und nichtig erklärt wurden. Vielmehr wurden sie auf das Konto des Sohnes Gottes gebucht. Er nahm den Schuldbrief mit allen Forderungen zum Kreuz und nagelte ihn dort ans Holz (Kol. 2,14). Sein Tod schrieb ein 'GETILGT' über all unsere Schulden. Wenn wir also in Gottes Familie aufgenommen werden, so geschieht das ausschließlich *durch Christus* und *auf seine unendlich hohen Kosten*. Daran dachte auch Johannes, wenn er uns nahelegt, über das Ausmaß der Liebe Gottes nachzudenken, mit der er uns überhäuft hat. Als wir schwach und voller Sünde und ohne Kraft waren, starb Christus für uns (Röm. 5,6.8-10). Der Gerechte starb für die Ungerechten, um uns zu Gott zu bringen und uns in seiner Familie willkommen zu heißen – als seine angenommenen Kinder. Jede Schuld und jede Bindung ist nun aufgehoben. Sie wurden ihm zugeschrieben und von Christus an unserer Stelle bezahlt.

Die Vorrechte der neuen Familie wurden uns vermacht

Ein Kind Gottes zu werden bringt sehr viele Privilegien mit sich, mit denen wir uns in späteren Kapiteln noch einmal genauer befassen werden. Für den Augenblick sollen einige schon mal erwähnt werden.

Zunächst: *Jesus Christus schämt sich nicht, uns als Brüder und Schwestern zu haben* (Hebr. 2,11).

Was haben wir mit ihm gemeinsam? Von Natur aus bereiten wir ihm eher Schande. Er spiegelte in perfekter Weise das Ebenbild Gottes in all seiner Herrlichkeit wider; wir haben es verschandelt. Er diente seinem Vater mit freudigem Gehorsam; wir haben uns gegen seinen Willen aufgelehnt. Er liebte den Vater; wir haben ihn zurückgewiesen. Es ist unbegreiflich, daß wir mit ihm irgend etwas gemeinsam haben sollten. Aber der Autor des Hebräerbriefes verweist auf das, was Christus getan hat, um eine Beziehung mit uns aufzubauen, derer er sich nicht schämt. Er nahm unsere Natur an und wurde Mensch, um die Kräfte zu zerstören, die uns in den Augen eines herrlichen Gottes zu Objekten der Schande machten. Er, der heilig ist und uns durch seine Gnade heilig macht, bringt uns in seine eigene Familie. Weil er uns gereinigt und geheiligt hat, schämt er sich unserer nicht (Hebr. 2,10-11). Wir sind *seine Brüder (und Schwestern)!* Was für ein Ansporn das doch ist, als seine Brüder und Schwestern und als Kinder des lebendigen Gottes zu leben!

Ein zweites Privileg ist: **Als Kinder haben wir das Privileg, Gott 'Abba, Vater' zu nennen.**

Der verstorbene Neutestamentler, Joachim Jeremias, schenkte der Tatsache besondere Aufmerksamkeit, daß im Judentum Menschen kaum – wenn überhaupt – zu Gott als 'Vater' beteten. Ganz sicher ist davon auszugehen, daß sie normalerweise nicht das innige und herzlich 'Abba' gebrauchten, wenn sie mit ihm sprachen. Jeremias zieht daraus den Schluß, daß uns der Gebrauch dieses Wort zeigt, wie die Gemeinde die Ausdrucksweise übernahm, mit der sich der Herr Jesus normalerweise an Gott wandte (vgl. Mk. 14,36 mit Röm. 8,15 und Gal. 4,6).[9] Die einzigartige und innige Beziehung zwischen Vater und Sohn teilt der Sohn nun mit seinem ganzen Volk! Jesus selbst beschrieb dieses Privileg folgendermaßen:

„Mein Vater hat mir alle Macht übergeben. Niemand kennt den Sohn, nur der Vater, und niemand den Vater,

---

[9] JEREMIAS, Joachim: *Das Vater-Unser im Lichte der neueren Forschung*, in: Jesus und seine Botschaft, Suttgart (Calwer), 1976, S. 31

nur der Sohn – und die, denen der Sohn ihn offenbaren will." (Mt. 11,27)

Wenn Sie ein Kind Gottes sind, das er in seiner Gnade angenommen hat, dann können auch Sie ihn mit 'Abba, Vater' anrufen.

Es ist immer wieder ein überwältigendes Privileg, wenn man von jemandem, den man sehr bewundert, beiseite genommen wird und gesagt bekommt: „Ich würde mich freuen, wenn Du mich nicht länger so förmlich mit 'Herr Schmidt' anreden würdest. Nenn mich einfach 'Karl'!" Doch dieses Vorrecht verblaßt völlig im Vergleich zu dem, was uns hier angeboten wird. Christus ermöglicht uns den Eintritt in die Gegenwart seines Vaters und sagt uns: 'Du kannst jetzt genauso mit ihm reden wie ich – mit der gleichen Berechtigung, zu ihm kommen; mit dem gleichen Gefühl der Intimität; mit der gleichen Gewißheit, daß er dich liebt.' Das ist exakt das, was Jesus meint, wenn er sagt: „Bittet in meinem Namen" (*LB,* Joh. 14,13-14; 15,16; 16,23-26). Er meint damit nicht, daß unsere Gebete mit der Formel: „In Jesu Namen" enden sollen. Er meint damit, daß wir so mit dem Vater sprechen dürfen, wie er mit dem Vater spricht, denn der Vater wird unser Rufen genauso erhören wie die Stimme seines eigenen Sohnes.

Das dritte Privileg, das Kinder Gottes empfangen, ist: *Als Kinder genießen wir die liebevolle Fürsorge des Vaters und das Mitgefühl unseres älteren Bruders Jesus.*

Einige dieser Aspekte waren schon im Alten Testament gegenwärtig und wurden immer wieder an den Stellen offenbar, wo Gottes Charakter zu erkennen war: „Wie ein Vater mit seinen Kindern Erbarmen hat, so hat der Herr Erbarmen mit denen, die ihn ehren" (Ps. 103,13). Zu seinem rebellischen Sohn Israel spricht Gott durch den Propheten Hosea:

„Als Israel jung war, hatte ich ihn lieb und rief ihn, meinen Sohn, aus Ägypten; aber wenn man sie jetzt ruft, so wenden sie sich davon.... Wie kann ich dich preisgeben, Ephraim, und dich ausliefern, Israel? Wie kann ich dich preisgeben gleich Adma und dich zurichten wie Zebojim? Mein Herz ist andern Sinnes, alle meine Barmherzigkeit ist entbrannt." (*LB*, Hos. 11,1-2,8)

Nirgendwo wird Gottes unfehlbare Liebe bewegender dargestellt als in Hesekiels Allegorie über die Untreue Jerusalems. Dieser Textabschnitt kommt dem Gedanken, daß Gott Israel als sein Eigen adoptiert hat, näher als jeder andere:

> „Nach Geschlecht und Geburt bist du aus dem Lande der Kanaaniter, dein Vater war ein Amoriter, deine Mutter eine Hetiterin. Bei deiner Geburt war es so. Am Tag, als du geboren wurdest, wurde deine Nabelschnur nicht abgeschnitten; auch hat man dich nicht mit Wasser gebadet, damit du sauber würdest, dich nicht mit Salz abgerieben und nicht in Windeln gewickelt. Denn niemand sah mitleidig auf dich und erbarmte sich, daß er etwas von all dem an dir getan hätte, sondern du wurdest aufs Feld geworfen. So verachtet war dein Leben, als du geboren wurdest. Ich aber ging an dir vorüber und sah dich in deinem Blut liegen und sprach zu dir, als du so in deinem Blut dalagst: Du sollst leben! Ja, zu dir sprach ich, als du so in deinem Blut dalagst: Du sollst leben und heranwachsen; wie ein Gewächs auf dem Felde machte ich dich.. Und ich ging an dir vorüber und sah dich an, und siehe, es war die Zeit, um dich zu werben. Da breitete ich meinen Mantel über dich und bedeckte deine Blöße. Und ich schwor dir's und schloß mit dir einen Bund, spricht Gott der Herr, daß du solltest mein sein." (*LB*, Hes. 16,3-8)

Aber es ist in Christus, daß sich uns die Barmherzigkeit des Herrn am eindrucksvollsten zeigt. So sehr sorgt er sich um seine Brüder und Schwestern, daß er ins Innerste ihrer Schwäche und Anfälligkeit, ihrer Versuchungen und Ängste eindringt. Er nennt uns seine Brüder und Schwestern und sagt uns, daß er mit uns fühlt. Doch nicht nur das – in seiner Fleischwerdung schlüpft er in unsere Haut und fühlt wie wir, denn er durchlebt alles, was auch wir durchleben. Daher konnte der Verfasser des Hebräerbriefes auch ganz bewußt sagen: „Er [ist] nicht jemand, der kein

Mitgefühl für unsere Schwächen haben könnte. Er wurde ja genau wie wir auf die Probe gestellt – aber er blieb ohne Sünde" (Hebr. 4,15). Als der Bruder, welcher Versuchungen erlebte, kann er mit uns fühlen, und als der Bruder, der ohne Sünde blieb, kann er uns erretten.

Was diese Identifikation mit uns im Leben Jesu bedeutete, veranschaulichen die Evangelien in sehr bewegenden und praktischen Worten. Er *berührte* Leprakranke und setzte sich damit der Gefahr einer Ansteckung aus – was auch bedeutete, daß er sich damit auch dem für sie geltenden Recht unterwarf. *Er saß mit Sündern am gleichen Tisch* und demonstrierte dadurch, daß er gekommen war, um mit ihnen Gemeinschaft zu haben und um auch ihnen das Vorrecht zukommen zu lassen, mit ihm Gemeinschaft zu haben. *Er weinte und seufzte und erlebte menschliche Schwäche und Angst.* „Nie hat je ein Mensch sich so gefürchtet wie dieser Mann,"' soll Martin Luther zum unüberhörbaren Weinen unseres Herrn Jesu im Garten Gethsemane gesagt haben. *Er war verwirrt darüber wie Gott in seinem Leben wirkte* – „Mein Gott, mein Gott, *warum* hast du mich verlassen?" (Mt. 27,46). Sein Mitgefühl ist daher nicht nur verbaler oder theoretischer Art. Es ist echt und real, denn er ist als Retter tatsächlich unser Bruder und als Erlöser unser nächster Verwandter.

In der Bergpredigt sagte Jesus, daß auch sein Vater dieselbe mitfühlende Fürsorge empfindet: „Euer Vater weiß, was ihr braucht, bevor ihr ihn bittet" (Mt. 6,8). Das ist eine große Rückversicherung für uns: Gott weiß alles und er ist mein Vater. An dieser Stelle darf ich so argumentieren wie es Jesus gelehrt hat: Wenn ich als ein irdischer (und sündiger) Elternteil weiß wie ich meinen Kindern Gutes tue, um wieviel mehr wird der himmlische Vater jenen Gutes tun, die seine Kinder sind? (s. Mt. 7,9-11). Die Logik dahinter ist unbestreitbar, und die Argumentation sollte allen einleuchten: Er ist mein Vater, ich bin sein Kind. Ich (der ich doch sündig bin) kümmere mich um meine eigenen Kinder und will für sie nur das Beste. Wieviel mehr wird sich erst mein (vollkommener) himmlischer Vater um mich kümmern!

Wir müssen uns diese große biblische Logik verinnerlichen, wenn wir die Zweifel unseres Herzens und die Einflüsterungen des Bösen überwinden wollen. Nur wenn ich in diesen Kategorien denke, werde ich ein sicheres Gefühl dafür entwickeln, daß mein Leben und das Leben meiner Mitchristen, meiner geistigen Familie, sicher sind in der Hand des Vaters. Denn er ist allzumal der „Vater des Lichts, bei dem keine Veränderung ist noch Wechsel des Lichts und der Finsternis. Er hat uns geboren nach seinem Willen durch das Wort der Wahrheit, damit wir Erstlinge seiner Geschöpfe seien" (*LB*, Jak. 1,17-18).

Drei wichtige Auswirkungen

Wenn wir über unsere Gotteskindschaft nachdenken, müssen wir uns über drei elementare Auswirkungen der Lehre des Neuen Testaments bewußt sein:

1. Unsere Adoption bewirkt keine Wesensveränderung, sondern eine Veränderung in unserem Status.

Wenn wir uns dessen nicht bewußt sind, werden wir die Bedeutung unserer Adoption nicht erkennen. Gleichermaßen werden wir unsere Gewißheit, daß Gott unser Vater ist und wir seine Kinder sind, aufs Spiel setzen, wenn wir denken, daß sich unsere Annahme an Kindes Statt auf irgend etwas gründet, was wir getan haben oder sind. Statt dessen ist unsere Adoption *eine Erklärung, die Gott über uns abgibt*. Sie ist unwiderruflich und beruht allein auf seiner gütigen Erwählung. Er sagt: „Du bist mein Sohn, heute habe ich dich dazu gemacht!" (Apg. 13,32-33).

Wenn wir unser Leben betrachten, sehen wir vielleicht keine deutlichen Zeichen dieser neuen Familienbeziehung. Und es besteht an dieser Stelle die konkrete Versuchung, daß wir an der Frage verzweifeln, ob wir jemals ein Leben leben werden, daß dieser wundervollen Berufung würdig sein wird. Doch unsere Gewißheit über unsere Beziehung zu Gott liegt nicht in uns selbst, sondern in der Tatsache, daß wir durch unseren Glauben an Christus Kinder Gottes geworden sind (Gal. 3,26). Durch die Auferstehung Christi von den Toten wurden unsere gesamten

Verpflichtungen gegenüber der Sünde, dem Gesetz und dem Teufel, in dessen Familie wir einst lebten, beglichen und wurden wir in Gottes Familie aufgenommen. Unser alter Status liegt beerdigt in Christi Grab[10]. Durch seine Auferstehung erhalten wir einen neuen Status.

2. Die Adoption in eine neue Familie ruft natürlich auch Konflikte mit der alten Familie hervor.

Von Zeit zu Zeit werden in den Medien Fälle aufgegriffen, bei denen ein Kind adoptiert wurde und danach die natürlichen Eltern versucht haben, dieses Kind wieder in sein altes Zuhause zurückzuholen. Die Adoption, die dem Kind Sicherheit bieten sollte, kann dies jetzt nur erreichen, wenn die Ansprüche der alten Familie von einem Familiengericht zurückgewiesen werden. Aber vielleicht verspürt das Kind tief innen das Gefühl, daß es von Natur aus zu der alten statt zu der neuen Familie gehört. Es fühlt sich zwischen den beiden hin- und hergerissen. Doch das Entscheidende sollte nie vergessen werden. Es ist die *neue* Familie, die über alle legalen Rechte verfügt, und nicht die alte.

Wie dies doch den Erfahrungen eines Christen ähnelt! Satan versucht alles, uns zurückzugewinnen. Er macht die Art und Weise wie uns unser neuer Vater behandelt schlecht. Er sagt: 'Schau dir doch die Schwierigkeiten, Prüfungen und das Leiden an. All das mußt du durchmachen, seit du Teil dieser christlichen Familie wurdest – Gott liebt dich nicht *wirklich!* Sieh dich doch an! Du kannst nichts mehr von alledem genießen, was dir früher so viel Spaß gemacht hat... Zuerst hast du dich sehr erleichtert gefühlt. Durch deine Entscheidung, Christus nachzufolgen, hast du dein Gewissen erst einmal beruhigen können... Doch stell dir nur vor, wieviel du dadurch verloren hast... Schau dir an wie sich deine Freunde amüsieren... Sieh nur, wieviel einfacher ihr Leben für sie ist... Du kannst diese hohen Ansprüche sowieso nicht halten... Und du wärst doch nur ein Heuchler, wenn du so tätest, als

---

[10] John Bunyans klassische Beschreibung des christlichen Lebens, *The Pilgrim's Progress,* illustriert dies am besten. Als Christ am Kreuz Christi vergeben wird, rollt die Last seiner vergangenen Schuld von ihm fort *in das Grab,* um dort für immer beerdigt zu sein!

würdest du es wirklich wollen.' Doch wir brauchen uns nicht zu fürchten. Seine verzweifelten Angriffe bekräftigen nur, daß wir nicht mehr länger zu seinem Reich gehören. Er will uns nur zurückgewinnen, weil er weiß, daß er uns verloren hat (vgl. Offb. 12,12).

Wir sollten daran denken, daß Satans Angriffe ein Kennzeichen des christlichen Lebens sind. Dieser Konflikt existiert, *weil wir zu einer neuen Familie gehören!*

3. Unsere Adoption ist unvollendet, solange wir in dieser Welt sind.

Johannes sagt, daß wir Kinder Gottes *genannt* werden, und fügt gleich hinzu, daß wir Kinder Gottes *sind*. Aber es ist *noch nicht* offenbar geworden, was wir einmal sein *werden*, wenn Christus erscheint und wir ihm gleich sein werden (1.Joh. 3,1-3). Genauso lehrt uns Paulus, daß wir noch immer „sehnsüchtig auf die volle Verwirklichung dessen warten, was Gott uns als seinen Kindern, zugedacht hat" (Röm. 8,23), obwohl wir den Geist der Kindschaft schon empfangen haben und rufen: „Abba! Vater!" (8,15). Wir warten auf die „unvergängliche Herrlichkeit, die Gott seinen Kindern schenkt" (8,21) und „daß unser Leib von der Vergänglichkeit erlöst wird" (8,23). Die Erlösung unseres Körpers – unsere Adoption in all ihrer Herrlichkeit – wird letztlich erst in unserer Auferstehung stattfinden. Dann wird der Samen, der einst gesät wurde, erblühen, und das Ebenbild, an dem jetzt noch ausgebessert wird, vollendet werden. Dann werden wir unsere Gotteskindschaft in einem Ausmaß erfahren, den wir jetzt noch nicht verstehen können.

Daß wir das Recht haben, uns Kinder Gottes zu nennen, schenkt uns die Gewißheit, daß wir einen neuen Familienstatus haben. Und obwohl uns dies in einen der ernstesten 'Familienkonflikte' verwickelt, die man sich vorstellen kann, werden wir gleichzeitig daran erinnert, daß Gott uns noch unendlich viel mehr von seiner Gnade und Macht zeigen wird.

Es ist gut, sich dieser Dinge bewußt zu sein, denn daraus lernen wir, daß unsere Annahme als Kinder Gottes zwar viele herrliche Privilegien mit sich bringt, die Melodie unseres jetzigen Lebens jedoch auch von traurigen Untertönen bestimmt wird. Wir müssen diese traurigen Untertöne erkennen und dürfen wissen, warum sie da sind. Ist uns dies nicht bewußt, können wir ein leichtes Opfer für die Einflüsterungen Satans, der Welt und unseres eigenen schwachen und zweifelnden Geistes werden und anfangen zu glauben, daß das christliche Leben nämlich ganz und gar nicht das ist, was wir erwartet haben.

Jetzt – in diesem Augenblick – sind wir adoptierte Söhne und Töchter – und damit Erben. Ein Teil des Erbes haben wir schon erhalten, aber der Tag wird kommen, an dem wir es vollständig ausgehändigt bekommen. Wir haben schon viel erfahren – doch es kommt noch viel mehr. Für den Augenblick aber, wollen wir auf die Weisheit unseres Vaters im Himmel vertrauen, der alles weiß und uns mit allem versorgt, was wir in irgend einer Weise in dieser oder der kommenden Welt brauchen werden.

Kapitel 4

DIE WESENSZÜGE DER FAMILIE GOTTES

Wenn jemand ein Kind Gottes wird, geht dies immer mit einer Veränderung des Lebensstils einher. Manchmal kann diese Veränderung sehr dramatisch sein: So wusch der Gefängniswärter von Philippi die Wunden der Evangelisten (Apg. 16,33); der verwirrte äthiopische Eunuch ging jubelnd seines Weges (Apg. 8,39); Zacharias bezahlte denen, die er betrogen hatte, das Vierfache zurück (Lk. 19,8); und Nikodemus setzte sich schließlich öffentlich für die Sache des Evangeliums ein – ein Gesinnungswandel, der vielleicht nicht so unmittelbar erfolgte, aber deshalb nicht weniger real oder eindrucksvoll war (Joh. 7,50-52; 19,38-42).

Wann immer also jemand ins Reich Gottes gebracht wird – ein Kind Gottes wird –, hat dies einen neuen Lebensstil zur Folge. Obwohl Gott in und durch die Persönlichkeit wirkt, die wir bereits haben (noch deutlicher formuliert: Wir erhalten keine 'neue Natur'!), fängt er doch an, diese Persönlichkeit zu formen. Das hat zur Folge, daß bestimmte allgemeine Ähnlichkeiten bei allen Kinder Gottes immer wiederkehren. Es gibt charakteristische Lebensmerkmale, die von ihnen allen geteilt werden. Es gibt eine bestimmte Familienähnlichkeit, die immer vorhanden ist. Wir würden erwarten, daß so etwas in jeder natürlichen Familie zu beobachten ist.

In unseren eigenen Familien haben die Kinder viele ähnliche Charakterzüge, doch gleichzeitig besitzen sie auch ziemlich ausgeprägte und unterschiedliche Persönlichkeiten. In der Familie

Gottes ist es nichts anders. Es gibt viele offensichtliche Unterschiede zwischen Gottes Kindern. ('Eintönigkeit' gehört nicht zu den Dingen, die Gott gefallen!) Dennoch gibt es gleichzeitig Merkmale, die allen Familienmitgliedern eigen sind, weil sie diese von ihrem Vater im Himmel erhalten haben und sie von ihrem großen älteren Bruder gelernt haben.

Was ich meine, läßt sich leicht veranschaulichen. Von Zeit zu Zeit habe ich das Vorrecht, bemerkenswerte christliche Persönlichkeiten kennenzulernen. Was mich oft tief beeindruckt hat, war die Tatsache, daß in ihrem Leben – trotz aller Unterschiede in ihrem Temperament, ihren Interesse und manchmal auch unterschiedlicher Ansichten – bestimmte allgemeine Charakterzüge den Gedanken nahelegten, daß diese individuellen Persönlichkeiten zu ein und derselben Familie gehören. Aber genau das ist ja eben der Fall! Genau das ist ja auch der Grund, warum sie diese Wesenszüge derselben Familie besitzen.

* * *

Wir haben bereits festgestellt, daß wir Gottes Kinder sowohl durch Erneuerung als auch durch Adoption werden. Beide Aspekte beeinflussen uns in unterschiedlicher Weise, so wie auch unser natürliches Leben durch Erbgut und Umwelt geprägt ist. Psychologen haben lange darüber diskutiert, welches von beiden die größere Rolle spielt.

Das Neue Testament lehrt, daß unser Lebensstil zum einen durch das neue Leben beeinflußt wird, das uns gegeben wurde (wir wurden von Gott geboren), und zum anderen durch unsere Aufnahme in die Familie Gottes. Wir erhalten eine neue Veranlagung *und* treten in eine neue Umgebung ein. Das Wunderbare am Evangelium ist, daß diese beiden Dinge zusammen geschehen. Im Gegensatz zu einer menschlichen Adoption kann uns Gott die *Veranlagung*, die ein Mitglied seiner Familie charakterisiert, durch die Wiedergeburt geben. Dennoch kommen wir – wie bei einer natürlichen Adoption – aus einer anderen Familie, und Gott muß uns immer wieder sagen: 'Da du nun zu *meiner* Familie gehörst, möchte ich auch, daß du dich wie eines *meiner* Kinder verhältst!'

Ganz allgemein gesehen ist es der Apostel Johannes, der die Beziehung zwischen der Neugeburt und dem neuen Leben betont (im 1.Johannesbrief). Wogegen der Apostel Paulus die Beziehung zwischen der neuen Vaterschaft und der neuen Lebensweise hervorhebt.

Die Lehre des Johannes: Leben durch eine neue Geburt!

Die Absicht des Johannesevangeliums besteht darin, Menschen zum Glauben an Christus zu führen (Joh. 20,31). Als eine Art Fortsetzung scheint der 1.Johannesbrief geschrieben worden zu sein. Er soll deutlich machen, was es heißt, ein Christ zu sein, und soll jenen, die wahre Christen sind (1.Joh. 5,13), die Gewißheit schenken, daß sie solche sind. Darum beinhaltet er, was Robert Law *Prüfungen des Lebens* nannte.

Johannes erläutert die charakteristischen Merkmale derjenigen, die Kinder Gottes sind. Er verwendet dabei eine ganze Anzahl sehr unterschiedlicher Begriffe, um zu zeigen, was Christsein bedeutet: Gott kennen (1.Joh. 2,3), im Licht leben (2,9), die Wahrheit kennen (2,20) und so weiter. Aller Wahrscheinlichkeit nach waren diese Begriffe unter den falschen Lehrern geläufig, die begonnen hatten, die frühe Kirche zu beeinflussen. Doch es gibt einen Ausdruck, den Johannes am häufigsten verwendet, um den wahren Christen zu beschreiben. Er lautet: „von Gott geboren" (vgl.: *LB*, 1.Joh. 2,29; 3,9; 4,7; und 5,1.4.18). Johannes beschreibt recht detailliert *die Auswirkungen dieser Neugeburt.*

Das, was Johannes über die Auswirkungen der Neugeburt lehrt, kann unter vier Überschriften zusammengefaßt werden: Ein verändertes Verhältnis zur Sünde; ein verändertes Verhältnis zur Gemeinde; ein verändertes Verhältnis zu Christus; und ein verändertes Verhältnis zur Welt.

Ein verändertes Verhältnis zur Sünde

Johannes macht innerhalb seines Briefes drei erstaunliche Aussagen:

„Wer mit ihm [Christus] verbunden bleibt, der sündigt nicht mehr" (3,6),

„Wer Gott zum Vater hat, sündigt nicht" (3,9) und

„Wir wissen: Wer Gott zum Vater hat, sündigt nicht" (5,18).

Ganz sicher meinte Johannes damit nicht, daß ein Christ niemals mehr sündigt oder daß wir unmöglich wahre Christen sein können, falls wir wieder sündigen. Das stünde im Widerspruch zu dem, was er am Anfang desselben Briefes sagt: „Wenn wir behaupten, ohne Schuld zu sein, betrügen wir uns selbst, und die Wahrheit lebt nicht in uns" (1,8). Es ist vielmehr so, daß er die beruhigende Tatsache betont, daß es in Jesus Christus Vergebung für die Sünden der Christen gibt (2,2). Und zusätzlich haben wir auch noch die Verantwortung, uns von allem Unrecht fernzuhalten, während wir uns auf den Tag freuen, an dem das Ebenbild Christi vollkommen in uns wiederhergestellt wird (3,3). Das wäre aber nicht nötig, wenn wir bereits vom Einfluß der Sünde befreit wären.

Was aber meinte Johannes dann? Die einfachste und vielleicht offensichtlichste Erklärung, der auch viele Übersetzungen Rechnung tragen, ist: Wenn wir Christen werden, *sündigen wir nicht mehr in der Weise* wie wir es bislang getan haben. Zwar scheitern wir, doch wir führen unseren sündigen Lebensstil nicht absichtlich fort. Wir sind zwar noch nicht perfekt, aber wir *sind* völlig verändert!

Alternativ wurde aber auch schon angenommen, daß Johannes hier eine ganz konkrete Sünde im Auge hat. Er könnte auch sagen: Ein Christ fährt nicht fort in *der* Sünde. Und es gibt *eine* Sünde, die ein Christ unmöglich begehen kann: Christus unwiderruflich zu verleugnen. „Es gibt aber eine *Sünde,* die den Tod bringt", schreibt Johannes (5,16). Mit dieser Sünde scheint das

Verleugnen Christi gemeint zu sein (s.: 4,3). Dennoch erscheint die Wortwahl des Johannes („keine Sünde begeht"; „nicht sündigt") zu allgemein für eine konkrete Handlung, ganz besonders wenn die konkrete Handlung, Christus abzulehnen, gemeint ist, die an anderer Stelle im Brief beschrieben wird.

Möglicherweise versteht man das, was Johannes an dieser Stelle lehrt, am Besten, wenn man bedenkt, daß im Leben eines Kindes Gottes eine neue Beziehung zur Welt der Sünde und der Herrschaft der Dunkelheit besteht. In beiden Teilen seines Briefes, in denen er beschreibt, daß ein Christ „nicht sündigt", geschieht dies vor dem Hintergrund seiner Adoption. Er wurde aus der Familie des Bösen genommen und in die Familie Gottes aufgenommen. Er steht nicht mehr länger unter der Herrschaft Satans (in dessen Gewalt Johannes die ganze Welt sieht, 5,19). Befreit von diesen Familienbanden und der rechtlichen Herrschaft der Sünde über sein Leben, sündigt ein Christ nicht länger. Sünde ist nicht mehr das charakteristische Merkmal seines Lebensstils.

Die Frage, ob ein Christ überhaupt sündigt, wurde von Johannes bereits beantwortet. Im Augenblick ist er eher bemüht, zu betonen, daß der Christ einer Macht, die einmal sein ganzes Leben bestimmt hatte, in einer radikal neuen Beziehung gegenübersteht.

Wenn Johannes so zu verstehen ist, dann finden sich anderswo im Neuen Testament ganz eindeutige Parallelen zu seiner Lehre.

Paulus drückt ebendieselbe elementare Wahrheit nur mit anderen gedanklichen Bildern aus. In Römer 5-6 betrachtet er den Menschen aufgrund seiner Beziehung zu Adam als Sklaven. Sünde und Satan bestimmen sein Leben. Ja, die Sünde ist der Sklaventreiber seines ganzen Seins (5,21; 6,17.20). In beiden Kapiteln scheint Paulus, Sünde zu personifizieren. Er nennt sie regelrecht „die Sünde" – und benutzt den bestimmten Artikel. Aber, so argumentiert er, durch unsere Wiedergeburt in Jesus Christus und durch unsere Vereinigung mit ihm durch die Gnade, die wir im Glauben empfangen, haben wir Anteil an Christi *Tod, den er für die Sünde gestorben ist, und an seiner Wiedergeburt, durch die er für Gott auferstanden ist* (6,5-11). Als Geschwister in der Familie Christi haben wir Anteil an den Merkmalen unseres älteren Bruders.

Paulus lehrt genauso wenig wie Johannes, daß wir ohne Sünde sind. Aber er bemerkt nachdrücklich, daß wir durch Christus aus dem einen Königreich in ein anderes versetzt wurden. Wir wurden in eine neue Familie hineingeboren. Und die Kraft des Vaters dieser Familie wird uns genauso zuteil wie die Ähnlichkeit zu unserem älteren Bruder. Ja, wir sündigen und fallen. Aber unser Leben wächst unaufhörlich in Richtung Gerechtigkeit und Heiligkeit, weil dies Bestandteil der familiären Veranlagung ist, mit der wir durch die Wiedergeburt ausgestattet wurden. Außerdem ist es die Richtung, in die uns unser älterer Bruder zieht.

Johannes verbindet diese beiden Vorstellungen auf wundervolle Weise in seinem ersten Brief. Warum sündigt ein Christ nicht? Weil „Gottes Kinder in ihm" bleiben (1.Joh. 3,9)! Weil der Christ ein Kind Gottes ist, hat er Anteil an Gottes heiliger Natur aufgrund seiner Gemeinschaft mit seinem verherrlichten Erretter, Jesus Christus (vgl. 2.Pet.1,4). Andrerseits wird er gleichzeitig wie ein Geschwisterkind von seinem älteren Bruder beschützt, gehalten, geleitet und behütet, denn: „Wer Gott zum Vater hat, sündigt nicht; denn der Sohn des Vaters schützt ihn, und der Teufel kann ihm nicht schaden" (1.Joh. 5,18).

Folglich fällt es Johannes nicht schwer, seine negativen Aussagen über unsere Beziehung zur Sünde ins Positive zu wenden: „Jeder, der das Rechte tut, [hat] genau wie Christus Gott zum Vater" (2,29). Dies ist das Kennzeichen der Familie. Das Rechte zu tun, ist nicht der Weg *ins* Königreich, aber *im* Königreich bestimmt es den Lebensstil. Es ist nicht die Bedingung zur Erneuerung, sondern deren unvermeidliche und unveränderliche Begleiterscheinung.

Eine veränderte Beziehung zur Gemeinde

Johannes fordert seine Leser auf, „einander [zu] lieben" (4,7). Er begründet diese gegenseitige christliche Liebe mit unserer gemeinsamen Geburt: „Wer liebt (d.h. in dem eben beschriebenen Sinne), hat Gott zum Vater und kennt ihn" (4,7).

In diesem Zusammenhang bedeutet Liebe 'die Liebe zu den christlichen Geschwistern'. Der Beweis, daß wir zur Familie gehören (und „von Gott geboren" wurden), ist unsere Fürsorge und Zuneigung für andere, die auch wiedergeboren wurden zu einem neuen Leben.

Immer und immer wieder wird von Johannes diese Familienliebe in seinem gesamten Brief betont. Nur jene, die ihre Geschwister lieben, leben im Licht (2,10). Und weil wir unsere Geschwister lieben, dürfen wir gewiß sein, daß wir aus dem Tod in das Leben hinübergewechselt sind (3,14). Liebe ist keine Sache von Worten, sondern gelebte Wirklichkeit: Einen Bruder in Not sehen, mit ihm Mitleid haben und ihm praktische Hilfe gewähren (3,17-18). Auf diese Weise wird die Liebe Gottes in uns zur Erfüllung und Vollkommenheit gebracht (4,11-12). Für den Apostel Johannes ist dies ganz klar: „Wenn er seinen Bruder, den er sieht, nicht liebt, dann kann er Gott, den er nicht sieht, erst recht nicht lieben" (4,20).

Die Neugeburt bewirkt eine moralische Veränderung in unserem Leben. Als Gottes eigene Kinder haben wir eine neue Beziehung und eine neue Einstellung zueinander. Das Neue Testament betont diesen Sachverhalt unaufhörlich. Es zeigt uns immer wieder, daß Gott keine isolierten Individuen schafft, wenn sie durch seinen Geist wiedergeboren wurden. Er schafft eine *Familie*, in der sich die gegenseitige Liebe seiner eigenen „ewigen Familie" innerhalb der Dreieinigkeit widerspiegelt, so daß die Welt ihn erkennt (vgl. Joh. 15,9; 17,20-23).

Die Gemeinde ist eine Familie. Mitglieder derselben Familie zu sein hat weitreichende Auswirkungen. Denken Sie nur daran, was es heißt, einen Bruder oder eine Schwester zu haben. Sie teilen mit ihnen dieselben Eltern – dieselbe Quelle des Lebens. Sie sind aus der Verbindung desselben Fleisches entstanden. Trotz all ihrer ganz persönlichen Merkmale gibt es eine geheimnisvolle Verbundenheit. Auf dieselbe Weise ist Christus als unser

Bruder mit uns verbunden, und in ihm werden wir eins mit unseren Glaubensgeschwistern (Hebr. 2,11.14.17).

In Bezug auf unser gegenseitiges Verhalten hat die Familienzugehörigkeit ungeheuer weitreichende Auswirkungen. Unsere Brüder und Schwestern in Christus *nicht* zu lieben und ihr Wohlergehen *nicht* zu suchen, ist ein Vergehen gegen alles, was Christsein bedeutet. Das meint Johannes, wenn er sagt, daß es völlig widersprüchlich sei, zu behaupten, wir liebten Gott, den wir noch nie gesehen haben, aber gleichzeitig unseren Bruder hassen, den wir doch täglich sehen.

Eine veränderte Beziehung zu Christus

Das Zeichen einer Erneuerung ist immer schon der Glaube bzw. das Vertrauen in Jesus Christus gewesen: „Wer glaubt, daß Jesus der versprochene Retter ist, hat Gott zum Vater" (1.Joh. 5,1).

Diese Worte muß man vor einem zweifachen Hintergrund sehen. Erstens wurden sie in Reaktion auf falsche Lehren geschrieben, mit denen die Gemeinde konfrontiert wurde. Einige Lehrer stellten die Inkarnation zur Diskussion und verneinten sogar ihre Realität (Johannes hat darüber bereits in 1.Johannes 4,1-3 gesprochen). Hier betont er, daß der richtige Glaube an Christus von entscheidender Bedeutung ist.

Als zweites muß man diese Worte auch vor dem Hintergrund seiner Lehre über die Wiedergeburt im dritten Kapitel seines Evangeliums betrachten. Dort lehrt Jesus Nikodemus, daß der Glaube an ihn als Herrn und Retter eine der Auswirkungen der Wiedergeburt sei. Die Lehre Jesu über die neue Geburt steht an dieser Stelle ganz klar in Beziehung zum Glauben an Christus – den Weg der Erlösung (Joh. 3,16).

Wie bringt nun die Wiedergeburt Glauben hervor? Wie kann sie einen noetischen Effekt haben, d.h. Einfluß auf unser Denken und geistiges Wahrnehmen nehmen? Erneuerung (regeneratio) ist eine Geburt, die Gott durch das Wirken seines Wortes wie auch durch seinen Heiligen Geist erreicht (Jak. 1,18; 1.Pet. 1,23). Sie beinhaltet das Öffnen unseres geistigen Auges, um die Wahrheit des Evangeliums zu verstehen, und die Befreiung unseres Willens, um darauf zu reagieren. Mit anderen Worten: *Moralische* Veränderung sowie *geistige* Veränderung (der Glaube an Jesus Christus) gehören in der Erneuerung zusammen.

Um als Kind Gottes zu leben, muß ich den Herrn Jesus Christus persönlich kennen und eine lebendige Beziehung zu ihm haben.

Eine veränderte Beziehung zur Welt

Laut Johannes ist das vierte Merkmal für unsere Zugehörigkeit zur Familie Gottes, daß *wir über die Welt gesiegt haben* (1.Joh. 5,4).

Der Begriff *Welt* wird in der Heiligen Schrift in einer verwirrenden Vielzahl von Bedeutungen und Nuancen verwendet. Was Johannes hier in 1.Johannes 5,4 damit meint, läßt sich am besten durch seinen Gebrauch von 'Welt' an anderer Stelle bestimmen. In 1.Johannes 5,19 zeigt er uns, daß die ganze *Welt* in der Gewalt des Bösen ist. Sie steht unter dem Einfluß des Teufels. Der natürliche Lebensbereich der Menschen ist sein Reich, nicht das Reich Gottes. Doch Christus hat den Bösen überwunden. Er *kam*, um das Werk des Teufels zu zerstören (3,8) und ruft seinem Volk zu: „Verliert nicht den Mut: Ich habe die Welt besiegt!" (Joh. 16,33). Durch seinen Sieg über Satan und alle Versuchungen Satans hat er die Welt besiegt. Ebenso besiegen auch wir durch unseren Glauben an Christus die Welt.

Die Worte, die Johannes in 1.Johannes 3,9 gewählt hat, sind sehr ungewöhnlich. Was bei uns mit „*Wer* von Gott geboren ist" (*LB*) übersetzt ist, bedeutet genauer betrachtet eigentlich „*Was* von Gott geboren ist" ('Wer' ist im griechischen Originaltext ein Neutrum). Aber warum wählt Johannes ein Neutrum? Vielleicht weil das Wort für 'Kind' im Griechischen ein Neutrum ist – wie auch im Deutschen. Es könnte aber auch sein, daß für Johannes alle Christen in eine Kategorie gehören. Er würde dann nicht an die Erfahrung irgendeines einzelnen Christen denken, sondern an das, was auf jeden zutrifft, der ein Christ ist – per Definition und aufgrund seiner Geburt. Die Welt zu besiegen ist Teil seiner Definition dessen, was Christsein an sich bedeutet. Erneuerung *bedeutet* Sieg, weil die Erneuerung in Christus geschieht, dem Sieger, der die Welt bereits überwunden hat.

Johannes entfaltet diesen Gedanken unseres Sieges durch Christus weiter. Er sagt zweierlei: Daß wir zum einen durch Christus *gesiegt haben*, was bedeutet, daß der Sieg schon unser ist, und zum anderen, daß wir *noch siegen werden* (1.Joh. 4, 4), was bedeutet, daß die Schlacht *weiter* geht und wir weiterhin im Kampf stehen.

Diese Widersprüchlichkeit eines Sieges, der bereits errungen ist und doch noch erkämpft werden muß, ist ein Grundmuster, das sich durch das gesamte Neue Testament zieht. Wir finden es auch in der Lehre des Paulus. Er sagt uns, daß wir in Christus der Sünde gestorben sind. Sie beherrscht uns nicht länger. Dennoch müssen wir fortfahren, gegen sie zu kämpfen; wir dürfen sie nicht mehr über uns bestimmen lassen (Röm. 6,2,12). Der entscheidende Sieg liegt in der Vergangenheit, im Werk Jesu Christi. Und dieser Sieg wird durch unsere Gemeinschaft mit Christus zu unserem eigenen. Trotzdem müssen wir uns nach wie vor gegen den besiegten Feind wehren.

Praktisch gesehen bedeutet dieser Kampf, daß es viele Dinge gibt, zu denen wir als Kinder Gottes nein sagen werden, weil sie gegen unser Familienethos und gegen unsere Treue zu unserem „gerechte[n] Vater" (*LB,* Joh. 17,25) stehen. Wir sollen die Sünde töten (Röm. 8,13); wir sollen täglich unser Kreuz auf uns nehmen und Christus folgen. Solch eine Kreuzigung ist kein natürlicher Tod – sie ist vielmehr ein bewußter, grausamer und schmerzhafter Akt des Tötens. Kreuzigung ist eine Hinrichtung, die niemals von demjenigen vollstreckt werden kann, der sterben soll. Dies verdeutlicht uns, daß sich die Welt (in diesem Sinne) nicht freiwillig hinlegen und sterben wird. Man muß kompromißlos gegen sie vorgehen und permanent all dem absagen, was in ihr böse ist.

Unser Sieg ist nicht leicht zu erringen – ebensowenig wie dies für Christus der Fall war. An dem Sieg teilzuhaben, den unser älterer Bruder errang, bedeutet auch, an den Kämpfen und

Konflikten des christlichen Lebens teilzuhaben. In dieser Weise sagt uns Johannes: „Unser Glaube ist der Sieg, der die Welt überwunden hat" (*LB,* 1.Joh. 5,4).

Die Lehre des Paulus:
Das Leben mit einem neuen Vater!

Der Hauptgedanke des Johannes ist, daß wir von neuem geboren wurden. Dieses neue Leben, das wir erhalten haben, wirkt sich in vielerlei Hinsicht aus. Der Grundgedanke des Apostel Paulus richtet sich auf folgendes: Da wir nun einen neuen Vater haben und in eine neue Familie aufgenommen wurden, sollten wir als seine Kinder von nun an auch ganz anders leben.

Das, was Paulus lehrt, wurde oft mißverstanden. Frühere Generationen von Christen haben sogar die Vorstellung von Gottes Vaterschaft betont, um dem entgegenwirken, was man für eine Überbetonung im paulinischen Verständnis des Evangeliums hielt. Völlig unkritisch dachte man, daß Jesus das Evangelium der Vaterschaft Gottes lehrte, Paulus dieses aber mit seiner Rechtfertigungslehre theologisierte, indem er juristische Ansätze im Nachdenken über Gottes Erlösung einführte. Aber das Gegenteil ist der Fall, denn Paulus hat eine ganze Menge über die Vaterschaft Gottes und die damit verbundene Kindschaft der Gläubigen zu sagen. Wir werden weitere Aspekte seiner Lehre in späteren Kapiteln betrachten, hier wollen wir uns lediglich auf einige grundlegende Elemente seiner Botschaft konzentrieren. Sein Kerngedanke ist jedenfalls folgender: *Da Gott dein Vater ist, solltest du ein Leben führen wie er es sich von seinen Kindern wünscht.*

Was aber hat dieses neue Leben zur Folge? Grundsätzlich geht es Paulus um zwei Dinge:

1. Wir sollen im Licht wandeln

Kinder Gottes sind Kinder des Lichts geworden (1.Thess. 5,5). Weil wir im Licht sind, sollen wir auch wie Kinder des Lichts leben (Eph. 5,8). Im Kontext dieser beiden Aussagen erwähnt Paulus ausdrücklich zwei Dinge: Erstens befinden wir uns nicht länger in der Dunkelheit, obwohl dies früher auf uns zutraf, und zweitens gehören wir jetzt zum Licht und zum Tag. Unsere Identität ist nicht mehr die, die sie einst war. Wir gehören nicht mehr der alten Ordnung der Dinge an, sondern der neuen.

Es wäre daher ausgesprochen widersprüchlich und unangemessen, wenn wir einen Lebensstil annehmen würden, der nicht durch ein moralisches Licht gekennzeichnet wäre. Dies zu tun, würde einer Verleugnung unserer Geburt, der Vaterschaft Gottes und unserer Familie gleichkommen. Positiv ausgedrückt bedeutet dies: Wir gehören zum Licht. Es gehört sich für uns, ein Leben zu leben, das moralisches Licht ausstrahlt. Es gibt ethische Erwartungen, die sich durch unsere Zugehörigkeit zur Familie Christi ergeben.

2. Wir sollen als Nachahmer Gottes leben

Dies ist für Paulus eine zweite Voraussetzung für ein Gott gefälliges Leben. In Epheser 5,1 macht Paulus die ergreifende Aussage: „Nehmt also Gott zum Vorbild!" – oder wie die New International Version der Bibel noch bildhafter formuliert: „Be imitators of God"[11] (Von dem griechischen Verb, das Paulus hier gebraucht, ist unser Wort 'Mimik' abgeleitet). Diese Worte gründen sich in dem, was wir durch Gnade sind, nämlich „seine geliebten Kinder" (Eph. 5,1). Das Bewußtsein unserer gottgegebenen Identität soll ein Anreiz für uns sein, uns nach der göttlichen Berufung in Christus Jesus auszustrecken, indem wir den Vater imitieren, nachahmen, kopieren und uns nach seinem Vorbild formen lassen.

In dieser Aufforderung steckt eine völlig sachgemäße Folgerung. Was könnte selbstverständlicher sein als ein Kind, das seinen Vater imitiert? Aber können wir es denn wagen überhaupt, solche einen Vater nachzuahmen? Paulus faßt hier ganz knapp

---

[11] *Seid Imitatoren bzw. Nachahmer Gottes* [d. Übersetzer]

zusammen, was Jesus schon seine Jünger lehrte: „Darum sollt ihr vollkommen sein, wie euer Vater im Himmel vollkommen ist" (*LB,* Mt. 5,48). Gottähnlichkeit bzw. Göttlichkeit gehört zum inneren Bestandteil eines Kindes Gottes. Wenn andere Leute unser Leben betrachten, dann sollten sie in der Lage sein, den Charakter Gottes in uns zu erkennen. Als seine Kinder sind wir es, in denen der Erneuerungsprozeß in sein Ebenbild bereits begonnen hat.

Dieses Wissen um unsere Beziehung zu Gott ist für unser Wachstum als Christen von grundlegender Wichtigkeit. Es beinhaltet eine Reihe sehr praktischer Auswirkungen:

Als erstes schafft es *ein Gefühl der Sicherheit.*

Ich bin ein Kind Gottes. Er ist mein Vater. Er versteht mich und sorgt sich um mich. Gerade der Christ – im Unterschied zu allen anderen Menschen – sollte sich eigentlich immer klarer darüber werden, wer er eigentlich ist. Dieses Wissen gibt mir Sicherheit in einer unsicheren Welt. In den tiefsten Tiefen meines Wesens zu wissen, wer ich bin, während ich immer mehr zu schätzen lerne, was es bedeutet, ein Kind Gottes zu sein, hat einen unglaublich starken Einfluß auf mein Leben. Es macht mich frei von dem ängstlichen Streben dieser Welt, 'jemand' zu sein. (Vergleichen Sie auch, was Jesus in Matthäus 6,1-18 zu diesem Thema ausführt. Die Freiheit von dem Bedürfnis, als *jemand* zu gelten, gründet auf dem Wissen, daß „euer Vater weiß", Mt. 6,8.)

Zweitens setzt dieses Wissen um unsere Beziehung zu Gott *unserem Leben ein Ziel.*

Zu Gottes Familie zu gehören beeinflußt die allgemeine Richtung meines Lebens genauso wie es mir ein neues Herz gibt, das sich in einem neuen Lebensstil ausdrückt. In einer entwurzelten und orientierungslosen Welt komme ich aus einer Familie, die ein Ziel hat, die die gleichen Werte teilt und bemüht ist, auf die Herrlichkeit ihres Vater hinzuweisen. Ein Kind Gottes zu sein ist ein größerer Segen, als wir erahnen können.

Drittens bewirkt das Wissen, daß ich ein Kind des lebendigen Gottes bin, *Charakterstärke.*

Ich brauche mich nicht länger durch die Welt, in der ich lebe, prägen und formen zu lassen; ich brauche mein Leben, nicht mehr von der Angst bestimmen zu lassen, wie sie auf mich reagieren wird. Ich bin ein Kind in Gottes Familie. Seinen Willen und seine Führung, seine Belehrung und Erziehung erlebe ich täglich. In diesem Zusammenhang lerne ich, nein zur Sünde zu sagen, ohne Angst davor haben zu müssen, negativ zu wirken! Jetzt bin ich dahintergekommen, daß Sünde in dem Licht und der Freude der Familie, in der ich aufwachse, etwas Unbekanntes ist.

Ich bin natürlich noch immer anfällig dafür, zu scheitern und zu sündigen. „Wir bringen es zwar fertig, uns das Gute vorzunehmen; aber wir sind zu schwach, es auszuführen" (Röm. 7,18). Die generelle Grundeinstellung und Ausrichtung meines ganzen Lebens jedoch finde ich jetzt in meiner Beziehung zu meiner neuen Familie und meinem neuen Vater. Durch die Gemeinschaft – durch sein Wort – weiß ich, wie ich leben soll. Durch die Kraft seines Heiligen Geistes wurde mir die moralische Charakterstärke gegeben, die mir hilft, so zu leben, daß seine große Güte gepriesen wird – und „die Gnade, die er uns erwiesen hat durch Jesus Christus, seinen geliebten Sohn" (Eph. 1, 6).

Kapitel 5

DAS LEBEN IN DER FAMILIE GOTTES

Gott schafft den Einsamen eine Familie, schreibt der Psalmist (Ps. 68,7). Dies trifft nicht nur auf unser natürliches Leben zu. Es ist ebenso wahr in einem geistlichen Sinn. Und genauso wie Kinder das Ebenbild ihrer Eltern tragen, so schafft auch Gott seine Kinder nach seinem Abbild, wenn er uns in die Familie seiner Gnade aufnimmt. Immerhin ist er „der Vater, der alle Wesen in der himmlischen und in der irdischen Welt beim Namen gerufen hat und am Leben erhält" (Eph. 3,14-15). Wir sind seine Kinder; wir tragen seinen Familiennamen. Als Mitglieder seiner Familie gehören wir zu ihm und zueinander.

In dem Moment, an dem wir in das Königreich Gottes geboren werden, werden wir Mitglieder der Familie Gottes. Wir bekommen neue Brüder und Schwestern. Das christliche Leben bringt nicht nur einen neuen Vater und eine neue innere Einstellung, sondern auch neue Familienbindungen mit sich. Als Kinder Gottes können wir daher nicht einsam, isoliert oder individualistisch leben. Ebenso wie wir unser Leben im Licht der Gegenwart unseres neuen Vaters und der neuen Neigungen, die er uns gegeben hat, führen sollen, so sollen wir auch im Bezugsrahmen unserer Familienzugehörigkeit leben. Die Zugehörigkeit zum „Haushalt" des Glaubens (Gal. 6,10; Eph. 2,19) beinhaltet viele neue Vorrechte, aber sie verlangt von uns auch, daß wir uns bestimmter neuer Verantwortungen bewußt sind.

Der Gedanke, daß wir nicht nur Christen, sondern als solche auch Brüder (und Schwestern) sind, beeinflußt unser Denken und Leben auf grundlegende Weise. 'Bruder' ist eines der emotionalsten Wörter im menschlichen Wortschatz. In der Sprache des Neuen Testaments lautet das Wort für Bruder *adelphos*. Dieses Wort ist zusammengesetzt aus *a* = 'von' und *delphus* = 'Mutterleib'. So vermittelt es das Bewußtsein, aus demselben Mutterleib zu stammen. Gerade das macht die Geschwisterbeziehung so besonders. Geschwister stammen von denselben Eltern und haben einmal die gleiche dunkle, geheimnisvolle Welt im Schoß ihrer Mutter bewohnt; sie teilen eine gemeinsame Herkunft und haben von Anfang an dieselbe Umgebung geteilt. Keine andere Lebensbeziehung trägt diese Merkmale.

Wie das Neue Testament erklärt, gilt das gleiche nun auch für Christen. Wir wurden „neu geboren und mit einer lebendigen Hoffnung erfüllt. Diese Hoffnung gründet sich darauf, daß Jesus Christus vom Tod auferstanden ist" (1.Pet. 1,3). Der 'Mutterleib', der uns neues Leben gab, ist das leere Grab Jesu. Durch die Kraft seiner Auferstehung wurde uns eine neue Geburt zuteil, und nun haben wir gemeinsam Anteil an einem „Besitz, der niemals vergeht oder verdirbt oder aufgezehrt wird" (1.Pet. 1,4).

Daß Christen zu einer gemeinsamen Familie gehören, erklärt auch das wunderbare Phänomen, das jeder Christ erleben kann, wenn er von einem Teil seines Landes in ein anderes zieht oder von einem Kontinent zu einem anderen. Diejenigen, die zur Familie Gottes gehören, teilen eine gemeinsame Familienähnlichkeit – und sie erkennen sich gegenseitig. Sprache, Kultur und Erziehung mögen ganz verschieden sein, aber ein gemeinsames Band – wir könnten auch sagen, eine gemeinsame genetische Struktur, die durch den Heiligen Geist geschaffen wurde – verbindet uns als Mitglieder derselben Familie. Wir haben denselben Vater, denselben älteren Bruder, denselben Familienkodex, dasselbe Erbe. Kein Wunder, daß wir einander schnell zu schätzen lernen!

Das soll allerdings nicht heißen, daß die einzelnen Mitglieder der Familie niemals miteinander streiten, daß es innerhalb dieser Familie niemals Grund zur Korrektur gibt, daß kein Bedarf an Disziplin besteht oder daß es keine 'schwarzen Schafe' gäbe. Doch all das muß in Verbindung mit der Familie gesehen werden, dessen Vater Gott ist. Weil dieser Aspekt übersehen wurde, hat dies in der Kirchengeschichte schon zu viel Kummer und Leid geführt.

Die Leitung der Familie

In einer gut geführten Familie bestimmt das Wort des Vaters den Kurs – so sollte es zumindest sein. Dies ist Ausdruck seines Wissens, seiner Erfahrung und seiner Weisheit. Seine Kinder werden nicht immer verstehen, *warum* er bestimmte Dinge sagt oder bestimmte Vorhaben so plant, wie er es tut. Manchmal wird er ihnen seine Gründe und Absichten erklären, zu anderen Zeiten weiß er, daß seine Kinder zufriedener sein werden, es *nicht zu wissen*. Obwohl sie natürlich immer glauben, daß sie glücklicher wären, wenn sie Bescheid wüßten!

Diese Verschwiegenheit muß in einer intakten Familie mit einem 'liebevollen' Vater kein Störung hervorrufen. Von Anfang an wird ein liebender Vater seiner Familie deutlich machen, daß seinem Charakter und seinem Wort unbedingt zu trauen ist, auch wenn er seine Maßnahmen nicht erklärt.

Es gibt jedoch nichts schlimmeres für eine Familie als einen Vater, dessen Wort man nicht trauen kann. Folglich steht im Mittelpunkt einer wirklich glücklichen Familie ein Vater (bzw. ein Elternteil), der sich durch sein Wort gebunden fühlt. Zu solch einem Vater können die Kinder sagen: 'Aber du hast es doch versprochen'. Und darauf werden sie die Antwort erhalten: 'Stimmt, das habe ich, und darum wird es auch so geschehen!'

So soll auch das Leben in der Familie Gottes gelebt werden. *Das Wort des Vaters bestimmt die Regeln innerhalb der Familie.* Dieses Wort ist uns in der Heiligen Schrift gegeben. Wenn wir Gottes Wort lesen und sagen: „Was du gesagt hast, präge ich mir ein, weil ich vor dir nicht schuldig werden will" (Ps. 119,11), dann spiegeln wir unsere Kinderstube wider. In diesem Moment gestehen wir uns ein, daß das Wort unseres Vaters langsam ein Teil von uns wurde und unser Denken schon so beeinflußt hat, daß wir keinen Wunsch mehr haben, irgend etwas zu tun, was ihn betrüben oder in irgendeiner Weise verletzen könnte. Dies ist die eigentliche Bedeutung von 'gegen ihn sündigen'.

Als Gottes Kinder müssen wir lernen, die Bibel in dieser geistigen Grundhaltung zu lesen, denn es sind *ermutigende Worte*, „die Gott an euch, seine Kinder gerichtet hat" (Hebr. 12,5). Wir sollten uns ihr nähern, als würden wir unserem Vater zuhören – was ja schließlich genau das ist, was wir tun!

Diese Einstellung gegenüber der Heiligen Schrift hat auch einen wichtigen Einfluß hinsichtlich des Stellenwertes, den Gottes Wort in unseren öffentlichen Zusammenkünften einnimmt. Seit der Reformation, die durch eine Wiederentdeckung der Vaterschaft Gottes gekennzeichnet war, ist eines der Kennzeichen, wenn Kinder Gottes zusammenkommen, daß sie dem Wort Gottes eine besondere Aufmerksamkeit schenken. Daher nahm die Predigt bzw. die Auslegung der Bibel eine zentrale Stelle im Gottesdienst ein. Diese Aufmerksamkeit für Gottes Wort erlebte dann aus zweierlei Gründen einen Rückgang:

Zum einen legte man dort, wo dem Evangelium immer weniger Glauben geschenkt wurde, auch immer weniger Wert auf das Wort Gottes – ganz zwangsläufig. Darin ist auch ein Grund zu sehen, warum in letzter Zeit viele theologische Schulen und Fakultäten statt eines Studiums der biblischen Sprachen eher ein Studium der menschlichen Psychologie und Soziologie anbieten. Diese Dinge sind zwar auch wichtig, aber sie bestimmen nicht die Bedeutung dessen, was Gott in seinem Wort sagt. Wo man seinem Wort nicht länger glaubt, wird dessen tatsächliche Bedeutung für die Gemeinde unausweichlich weniger wichtig. Daß der Stellenwert der Verkündigung in den vom Liberalismus durchsetzten Kirchen immer geringer wird, war zu erwarten.

Zum anderen hat auch dort die Aufmerksamkeit dem Wort Gottes gegenüber abgenommen, wo die *Feier* die Stelle des *Zuhörens* eingenommen hat. In den letzten Jahren gab es eine weitverbreitete Wiederentdeckung der biblischen Wahrheit, daß der Herr groß ist und er über alles gepriesen werden soll. Wir sollen ihn feiern. Aber wir müssen lernen wie dies geschieht! Häufig wurde, Hand in Hand mit einer Betonung des Lobpreises und der

Anbetung, die Auslegung von Gottes ganzem Wort für das ganze Volk Gottes beiseite geschoben. Es kann niemals richtig sein, daß wir Gottes Werke auf Kosten des Hörens auf Gottes Wort preisen. Ist es nicht so, daß ein Kind, das niemals richtig auf das hört, was sein Vater sagt, schnell unausstehlich wird! Es entwickelt einen widerspenstigen Geist, der sich immer dann zeigt, wenn der Versuch gemacht wird, es zu bändigen. Genau an dieser Stelle wird es sich wahrscheinlich umdrehen und auf die Fehler seiner Brüder und Schwestern zeigen, anstatt die Zurechtweisung anzunehmen, die sein Vater *ihm* zugedacht hatte.

In seinen letzten Anweisungen und Aufmunterungen an Timotheus ordnet Paulus dem Wort des Vaters den richtigen Platz zu. Paulus verwendet hier Begriffe, die an den Rat des Vaters an seinen Sohn in den ersten Kapiteln der Sprüche erinnern. Er erinnert Timotheus daran, daß die Heilige Schrift ihm den Weg des Heils lehrt, das ihm „zuteil wird durch den Glauben, der sich auf Jesus Christus gründet" (2.Tim. 3,15). Er verwendet den Vergleich mit einer Vater-Sohn-Beziehung, wenn er die Nützlichkeit von Gottes Wort „für die Unterweisung im Glauben, für die Zurechtweisung und Besserung der Irrenden, für die Erziehung zu einem Leben, das Gott gefällt" (2.Tim. 3,16) beschreibt.

Diese Worte beschreiben exakt die Funktion, welche der väterlichen Erziehung für das Wachstum seiner Kinder zukommt. Väter *unterweisen* ihre Kinder. Ihre Unterweisungen bieten ihnen für den Rest des Lebens Orientierungshilfe und Wegweisung. Darüber hinaus müssen Väter ihre Kinder manchmal auch *zurechtweisen*, wenn ihr Leben nicht mit der Unterweisung übereinstimmt, die sie erhalten haben. Ein Vater muß lernen, seinen Kindern 'nein' sagen zu können, andernfalls werden sie ohne ein kritisches Urteilsvermögen oder innere Disziplin aufwachsen.

Väter müssen ihre Kinder auch *korrigieren*. In diesem Zusammenhang hat „korrigieren" eine wiederherstellende Bedeutung. Der Begriff der 'Besserung', den Paulus an dieser Stelle gebraucht, wird außerhalb des Neuen Testaments zum Beispiel für einen gebrochenen Knochen verwand, der gerichtet und wieder heil wird. Im Neuen Testament wird der Begriff nur an dieser

Stelle verwendet. Aber zu spüren ist derselbe positive Unterton: Die Korrektur eines Vaters ist gesundheitsfördernd.

Als letztes ist zu sagen, daß Väter ihre Kinder auch in der richtigen Weise *trainieren* sollen, damit aus ihnen reife Männer und Frauen werden, ausgerüstet für alle Herausforderungen des Lebens (2.Tim. 3,17). Wenn Eltern nicht diese langfristige Sicht haben, werden sie zu Sklaven des Unmittelbaren und vielleicht sogar ihrer Kinder!

Die Bestandteile väterlicher Erziehung treffen nun in ganz besonderem Maße auf den Einfluß zu, den das Wort Gottes, unseres allmächtigen Vaters, hat. Als seine Kinder sollten wir uns ihnen ständig aussetzen und uns so daran gewöhnen, daß ihr Inhalt uns buchstäblich zur zweiten Haut wird.

Übrigens ist in diesem Zusammenhang zu bemerken, daß es in der Familie Gottes keinen unüberwindlichen Konflikt zwischen Gesetz und Liebe gibt. Beide sind Ausdruck der Pläne des Vaters für unser Leben. Genaugenommen entspringt sein Gesetz gerade seiner Liebe. Nur wenn das Kind mit dem Vater uneins ist, wird seine Führung einengend und hart erscheinen.

Die Gemeinschaft innerhalb der Familie Gottes

Das Leben innerhalb der Familie Gottes wird durch das Wort des Vater geregelt. Und in seinem Wort gibt er uns eine Regel, die unsere Beziehungen bestimmen soll: *Liebt einander.*

Jesus Christus, unser älterer Bruder, veranschaulicht und lehrt uns diese Regel. Genauso wie er uns geliebt hat, sollen wir einander lieben (Joh. 15,12.17). In ähnlicher Weise beschreibt Paulus die Regeln, die die Gemeinschaft innerhalb der Gemeinde bestimmen sollen: „Darum zieht nun wie eine neue Bekleidung alles an, was den neuen Menschen ausmacht: herzliches Erbarmen, Freundlichkeit, Bescheidenheit, Milde, Geduld. Ertragt einander! Seid nicht nachtragend, wenn euch jemand Unrecht getan hat, sondern vergebt einander, so wie der Herr euch vergeben hat" (Kol. 3,12-13). Und er fügt noch hinzu: „Und über das alles darüber zieht die Liebe an, die alles andere in sich umfaßt.

Sie ist das Band, das euch zu vollkommener Einheit zusammenschließt" (Kol. 3,14). Liebe ist das gemeinsame Element, das alle Merkmale der Familie durchzieht. Ohne sie würde das Familienleben formell und gefühlskalt – und letztendlich heuchlerisch.

John Owen, der große englische Theologe des 17. Jahrhunderts, beschreibt diese Thematik sehr anschaulich. Er sagt, daß die Familie Gottes einem Mann gleicht, der in den Wald geht, um Brennholz zu sammeln. Er liest die Zweige auf, die er herumliegen sieht. Aber während er das tut, fällt ihm auf, daß er ein Problem hat: Wie soll er die Zweige nach Hause tragen? Ein Zweig ist dick, ein anderer dünn; einer ist lang, ein anderer kurz; einer ist gerade, ein anderer gebogen. Schließlich bindet er sie mit einer Kordel zusammen und kann so alle auf einmal nach Hause tragen. So, sagt Owen, wirkt Christus auch in seiner Gemeinde. Wie können auch sonst so verschiedene Menschen in einer Familie zusammen leben? Nur indem sie mit dem Band der Liebe zusammengebunden werden. Nur wenn wir erkennen, daß wir einen gemeinsamen Vater, ein und dieselbe Geburt erfahren haben, denselben älteren Bruder und die gleichen Familienmerkmale haben und uns *deswegen* lieben – nur dann kann unsere Gemeinschaft das sein, was der Herr daraus machen möchte.

Diese Betonung der gegenseitigen Liebe hat mehrere wichtige praktische Auswirkungen:

(1) **Wir sollen lernen, einander zu akzeptieren und zu schätzen, unabhängig von den natürlichen Unterschieden, die uns trennen.**

Im Neuen Testament ist es Jakobus, der am meisten und am deutlichsten über dieses Thema spricht: Reiche und Arme sollen gleichermaßen als Geschwister behandelt werden. Es soll keine Bevorzugung geben: „Hört gut zu, meine lieben Brüder! Hat Gott nicht gerade die erwählt, die in den Augen dieser Welt arm sind, um sie aufgrund ihres Glaubens reich zu machen? Sie sollen in Gottes neue Welt kommen, die er denen versprochen hat, die ihn lieben" (Jak. 2,5-6). Jakobus zieht eine weitere Schlußfolgerung: Das Versagen, unsere Brüder als Brüder zu behandeln, ist eine *Beleidigung*. Jakobus geht sogar noch weiter. Einen Bruder oder eine Schwester zu verleumden oder zu verurteilen heißt, das Gesetz zu verleumden und zu verurteilen (Jak. 4,11).

Zweifellos hat Jakobus beim Schreiben Jesu Auslegung des Gesetzes im Kopf. In der Bergpredigt ist üble Nachrede schlichtweg eine andere Form von Mord. Sie mag zwar nicht den Körper töten, aber sie ist ein Angriff auf die Persönlichkeit eines anderen und der Würde, die er vor den Menschen besitzt (Mt. 5,21-22).

2. Aber es gibt noch eine weitere Entwicklungsstufe unserer Gemeinschaft innerhalb der Familie. Daß wir uns gegenseitig akzeptieren, muß viel mehr sein als ein widerwilliges und zögerliches Händeschütteln! *Wir sollen einander in aller Aufrichtigkeit umarmen und die Gaben des anderen und seinen Beitrag zu unserem gemeinsam gelebten Familienleben schätzen lernen.* Es darf in Gottes Familie keine Geschwisterrivalität geben!

Diese Harmonie erfordert eine aufrichtige gegenseitige Annahme – auch wenn es Dinge gibt, über die wir im Hinblick auf die persönlichen Lebenspraxis verschiedener Meinung sind. Christus hat uns „zum Ruhm und zur Ehre Gottes" (Röm. 15,7) angenommen und in seiner Familie aufgenommen hat. Wir sollen seinem Beispiel folgen, weil er unser älterer Bruder ist, und weil solches Handeln den Charakter des Vaters offenbart, der uns in Christus an- und aufgenommen hat, als wir selbst noch Sünder waren (2.Kor. 5,19).

Paulus richtet unsere geschwisterliche Aufmerksamkeit besonders auf jene innerhalb der Familie, die weniger Anerkennung erfahren. Gerade die Teile des Körpers, die schwächer scheinen, sind besonders wichtig. Die Teile, die als unansehnlich gelten, kleiden wir mit besonderer Sorgfalt und die unanständigen mit besonderem Anstand. Die edleren Teile haben das nicht nötig. Gott hat unseren Körper zu einem Ganzen zusammengefügt und hat dafür gesorgt, daß die geringeren Teile besonders geehrt werden (1.Kor. 12,22-25).

Haben Sie jemals gesehen, wie eine gut funktionierende Familie mit einem körperlich oder geistig behinderten Bruder oder Schwester umgeht? Es ist wirklich bewegend, die Ausgewogenheit an nötiger Korrektur und Rücksichtnahme zu beobachten, die das behinderte Familienmitglied nicht nur fühlen läßt, daß es dazugehört, sondern die es in dem Familienkreis auch zu etwas ganz besonderem macht. So sollte es auch in der Familie Gottes sein. Gott hat dies so in seinem Wort verfügt, mit dem er seine Familie leitet und führt – und natürlich auch zurechtweist und korrigiert!

Doch leider zeigen wir nur allzuwenig von dieser fürsorglichen Liebe – und so sieht die Welt nur allzuwenig von dem Licht, das vor den Leuten leuchten soll, „damit sie eure guten Werke sehen und euren Vater im Himmel preisen" (Mt. 5,16).

3. *In der Familie Gottes sollen wir (zusätzlich zu dem gegenseitigen Akzeptieren bzw. der gegenseitigen Annahme) auch lernen, einander zu vergeben.*

Dies beinhaltet auch, daß wir lernen, uns wieder zu versöhnen. Wenn wir Groll gegeneinander haben, sollen wir einander vergeben, genau wie auch der Herr uns vergeben hat (Kol. 3,13). Wenn einer unserer Brüder sich in Sünde verfangen hat, sollen wir ihm in aller Behutsamkeit wieder aufhelfen (Gal. 6,1). Er ist unser *Bruder*. Genau das betrachtet Paulus als den entscheidenden Faktor in unserem Verhalten ihm gegenüber.

Dieses liebevolle Aufhelfen eines Mitchristen, der gefallen ist, muß man im weiteren Kontext des Neuen Testaments sehen. Immer wieder wird der moralische Maßstab aber auch die geschwisterliche Güte hervorgehoben, die das gemeindliche Familienleben prägen sollen.

Ein anschauliches Beispiel finden wir in der Familiengeschichte der Gemeinde in Thessalonich. Trotz der Unterweisung des Paulus waren einige der Geschwister arbeitsscheu geworden. Paulus befiehlt der restlichen Gemeinde: „Meidet den Umgang mit allen in der Gemeinde, die ihre täglichen Pflichten vernachlässigen und den Anweisungen nicht folgen, die sie von uns erhalten haben" (2.Thess. 3,6). Doch gleichzeitig ermahnt er sie auch, jenen zu helfen, die sich ihres Verhaltens schämen. Die

Gemeinde soll sie als *Geschwister* und nicht als Feinde behandeln (2.Thess. 3,14-15).

Diese Ausgewogenheit an disziplinarischen Maßnahmen und Vergebung ist im Zusammenleben einer Familie zu erwarten. Am Fall der gravierenden Sünde, die in der Gemeinde in Korinth begangen wurde, kann dies sehr gut verfolgt werden. Als die Sünde endlich offen angesprochen wurde, drängt Paulus die Gemeinde, den Schuldigen zu trösten, damit er nicht vom Gefühl seiner Schuld überwältigt würde. Sie sollten ihm ihre Liebe zeigen und ihm versichern, daß ihm vergeben wurde, damit Satan (der Feind der Familie und der besondere Feind des Vaters und des Sohnes) keine Trennung innerhalb der Hausgemeinschaft des Glaubens verursachen könne (2.Kor. 2,7-11).

Keiner Familie fällt es leicht, mit Fehlschlägen umzugehen. Die Gemeinde bildet da keine Ausnahme, steht doch der Ruf des Vaters auf dem Spiel. Doch der Vater hat seinen Ruf schon längst aufs Spiel gesetzt, indem er seinen Sohn für unsere Rettung opferte! Das wahre Problem dagegen ist so oft *unser* Ruf. Wir können nur sehr schlecht mit dem Versagen eines Bruders umgehen. Warum? Weil wir das Ansehen bei Außenstehenden über die Belange der Familie und ihrer Mitglieder setzen. Das sollte aber nicht so sein. Die Familie ist im Unrecht, wenn sie sich nicht um ihre gescheiterten Familienmitglieder kümmert.

Nur wenn uns klar wird, daß die Gemeinde eine Familie ist und wir Brüder und Schwestern in dieser Familie sind, werden wir über die richtige Sichtweise verfügen. Allein so werden wir in der Lage sein, auf die zu schauen, die kläglich versagt haben, und über das richtige Motiv verfügen, damit wir sie – getreu dem Wort Gottes – zurechtweisen können, um sie dann wieder zu umarmen und ihnen unsere Liebe zu vergewissern.

Uns ist nicht immer bewußt, welche Anforderung diese Liebe innerhalb einer Familie an die Selbstdisziplin und Selbstverleugnung jedes einzelnen Familienmitgliedes stellt, gerade was den Verlust des eigenen Ansehens angeht, der unter Umständen eine Folge gegenseitiger Annahme sein kann – besonders, wenn man jemanden wieder aufnimmt, der sich von Gottes Familie entfernt hat und nun wieder zurückgekehrt ist. Jesus stellte fest, daß es genau diese Art von *Selbstverleugnung* war, die im Leben so vieler Pharisäer fehlte. Ihnen war es unmöglich, eine Gesinnung zu tolerieren, bei der verlorene Kinder durch die offenen Arme des Vaters wieder willkommen geheißen werden. Aus ihrer Sicht hätte es einen Gesichtsverlust bedeutet, an den Feierlichkeiten des Vaters teilzunehmen (Lk. 15,28-30). Aber gerade so eine Selbstverleugnung wird von allen, die zu Gottes Familie gehören, erwartet.

In einem ganz anderen Zusammenhang betont Paulus die Notwendigkeit der Selbstverleugnung. Es gibt verschiedene Dinge, über die Christen geteilter Meinung sind. Einige Christen haben Skrupel, bestimmte Dinge zu tun. Zur Zeit des Paulus betraf dies zum Beispiel, was ein Christ essen und trinken durfte, denn das Fleisch, das es auf dem Markt zu kaufen gab, war vorher oftmals Teil eines heidnischen Rituals gewesen. Die Lebensregel, die Paulus dabei aufstellt, ist entschieden und klar: „Wenn ein Nahrungsmittel dazu führt, daß jemand in der Gemeinde schuldig wird, will ich lieber überhaupt kein Fleisch mehr essen. Denn ich will nicht, daß mein Bruder oder meine Schwester verloren geht" (1.Kor. 8,13). Aus seiner Sicht verlangte die Tatsache, daß er ein Bruder innerhalb derselben Familie ist, eine einfache aber grundlegende Haltung. Seinen Bruder zu lieben bedeutete für Paulus, nein zu etwas zu sagen, das er selbst für durchaus legitim hielt. Es wäre gut für uns und die gesamte Familie Gottes, wenn wir seinem Beispiel folgten. Aber wir sollten gewarnt sein: Es wird ungefähr so schmerzhaft sein wie eine Diät. Es dauert eine Zeit, bis wir unsere Bedürfnisse gemeistert haben und gelernt haben, uns aus höherer und wichtigeren Beweggründen zu entsagen.

Das ist alles Teil dessen, was es heißt, nicht aufzuhören, „einander als Brüder und Schwestern zu lieben" (Hebr. 13,1).

Die Familienembleme

Bei uns zu Hause hängt eine Gedenktafel an der Wand – eigentlich ein Schild, bedeckt mit dem Schottenmuster unserer Familie, auf dem Familienemblem und Familienmotto stehen. Mein Familienmotto lautet *Dulcius ex asperis*. Es greift die Lebenserfahrung auf, daß aus den bitteren Erfahrungen des Lebens süße Dinge erwachsen können. Das Emblem selbst zeigt eine Biene, die aus einer dornigen schottischen Distel Nektar saugt. Die Worte erklären die Bedeutung des Bildes, und das Bild wiederum zeigt und verdeutlicht, was das Motto meint.

Viele Familien (zumindest in Schottland) haben ähnliche Embleme, auch die Familie Gottes ist hier keine Ausnahme. Ihre Embleme sind die Taufe und das Mahl des Herrn. Beide weisen natürlich auf das Werk des älteren Bruders hin: auf das Privileg, mit ihm durch die Taufe verbunden zu sein, und auf das Privileg, durch das Abendmahl mit ihm Gemeinschaft zu haben. Allerdings erinnern sie uns auch daran, was das Dazugehören zur Familie Gottes bedeutet.

Die Taufe unterstreicht, daß wir alle durch ein und denselben Geist in den Organismus Christi einverleibt wurden (1.Kor. 12,13). Ebenso brechen wir im Abendmahl ein Brot und trinken von einem Kelch (1.Kor. 10,16-17). So zeigen wir uns als eins in Jesus Christus, obwohl wir doch viele einzelne Personen sind. Aus diesem Grunde bedeutet die gemeinsame Feier der Taufe und des Abendmahls unter anderem auch den Zusammenbruch aller Schranken und Barrieren, die uns voneinander trennen.

Die Feier des Herrnmahls hat eine ganz besondere Bedeutung. Für die Familie Gottes ist dieses Mahl wie das Vorkosten des Hochzeitsessens – was bei nordamerikanischen Familien weit verbreitet ist. Wir feiern in Erwartung des anstehenden Hochzeitstages. Als Familie danken wir für das Vergangene, jedoch mit dem Blick auf das gerichtet, was bald geschehen wird. In diesem Sinn heißt es auch, daß wir zum Tisch des Herrn kommen, um uns an den Tod Christi zu erinnern, „bis er wiederkommt" (1.Kor. 11,26). Heute feiern wir als Familie Gottes das Abendmahl des Herrn, doch bald werden wir das Hochzeitsmahl des Lammes feiern. In jeder Abendmahlsfeier wird dieser große Tag innerhalb der Familie Gottes vorweggenommen und erinnert uns zudem an die Wiedervereinigung aller Mitglieder der Familie in der Gegenwart des Vaters und des älteren Bruders.

Der Zugang zum Vater

Aber noch ein weiteres Vorrecht kennzeichnet das Leben innerhalb der Familie Gottes. Die Liebe eines Vaters – unabhängig davon, wer er ist oder wie beschäftigt oder wie angesehen er auch immer sein mag – erkennt man daran, daß seine Kinder das einzigartige Privileg genießen, immer zu ihm kommen zu dürfen. Ob er nun ein König, ein einflußreicher Geschäftsmann oder ein wissenschaftliches Genie ist – seine Kinder nennen ihn 'Vater'. Dies ist wahrscheinlich auch – mehr als alles andere – das charakteristische Merkmal echten christlichen Glaubens: Uns wurde das Vorrecht zuteil, Gott 'Vater' nennen zu dürfen. Wir kommen in seine Gegenwart in der Gewißheit, daß wir zu ihm gehören und bei ihm zu Hause sind.

Darum geht es im Grunde genommen auch beim Beten: Wir wissen, daß wir eine feste Beziehung zu Gott haben, in der wir ihn in dem Bewußtsein ansprechen können, daß er sich um uns kümmert und die Macht hat, uns zu helfen.

Als sich ein Freund von mir im Ausland befand, adoptierte er ein kleines Mädchen. Er erzählte mir von den Tagen nach der Adoption, als er spürte, daß die Vater-Tochter-Beziehung, die er so gerne mit ihr teilen wollte, noch nicht gewachsen war. Eines Tages erschien sie dann mit einem ihrer Schuhe in der Hand neben seinem Schreibtisch und sagte: 'Daddy, ich brauche einen neuen Schnürsenkel'. Das war das erste Mal, daß sie ihn mit diesem Namen angesprochen hatte. Sie wagte es, sich ihm trotz ihrer ursprünglichen Reserviertheit zu nähern; und in ihrer kleinen Not, nannte sie ihn 'Vater'. Ähnliches geht in uns vor, wenn wir begreifen, was es bedeutet, in Gottes Familie aufgenommen und durch seinen Geist neu geboren worden zu sein. Wir haben das Vertrauen, mit ihm über unsere Nöte reden zu können und ihn um seine Hilfe zu bitten.

Vor dem Wirken Jesu scheint es den Juden Palästinas fremd gewesen zu sein, Gott im Gebet als 'Vater' anzusprechen. Natürlich gab es die ganz allgemeine Erkenntnis, daß Gott der Vater der Nation Israel war (vgl. z.B. Jes. 63,16; 64,8). Doch das Einzigartige im Auftreten Jesu war die Art und Weise, wie er Gott entgegentrat und ihn 'Abba, Vater' nannte. Joachim Jeremias schreibt, daß „sich nirgendwo in ihr [der jüdischen Gebetsliteratur] ein Beleg für die Gottesanrede 'Abba' findet." Dagegen verwendet sie „Jesus [...] immer, in allen seinen Gebeten, die uns überliefert sind"[12].

Dies ist jedoch nicht völlig richtig. Es gab eine Gelegenheit, bei der unser älterer Bruder Gott ansprach, ohne ihn Vater zu nennen – nämlich am Kreuz, als er ausrief: „Mein Gott, mein Gott, warum hast du mich verlassen?" (Mt. 27,46). Dieser Moment im Leben Jesu, der uns mehr als alle anderen den Zugang in die Gegenwart Gottes als 'Abba, Vater' ermöglichte, ist der Moment, in dem Jesus offensichtlich aufhörte, sich dieser väterlichen Gegenwart und Liebe sicher zu sein. Uns wird daran vielleicht deutlich, wie hoch der Preis für unsere Aufnahme in Gottes Familie war. Unser älterer Bruder mußte die Verlassenheit und Isoliertheit des Kreuzes erleben und so die Einsamkeit und Entfremdung aller seiner Geschwister erfahren, als er ihre Sünde auf sich nahm. Darum sagt uns Paulus, daß wir nur durch Christi Blut Zugang zum Vater haben (Eph. 2,13.18). Wir dürfen niemals vergessen, was es Gott kostete, uns das Privileg des Gebets zu eröffnen. Das zu erkennen und zu schätzen befähigt uns, unsere Ehrfurcht und unser kindliches Vertrauen zu bewahren, die wir in Jesu eigenem Gebetsleben erkennen.

Das Wissen, daß Gott der Vater seiner Kinder ist, bestimmt das, was Jesus über das Beten lehrte, und verdeutlicht die Grundeinstellung, in der er uns zu beten ermutigt.

Jesus ermutigt uns, *kindlich und einfältig* zu beten. Dies unterscheidet das Kind Gottes von einem Heuchler. Der Heuchler ist sich seiner Beziehung zu Gott so unsicher (und zwar zu

---

[12] JEREMIAS, Joachim, a.a.O., S. 31

Recht!), daß ihm beim Beten vor allem Länge und Wortgewandtheit wichtig sind. Ein Kind Gottes weiß, daß es zu seinem Vater spricht, und deshalb spricht es schlicht und direkt. Der Heuchler glaubt törichter Weise, daß Gott von den gleichen Dingen beeindruckt ist, von denen auch seine Mitmenschen beeindruckt sind. Er versteht nicht, was es für Gott bedeutet, der Vater zu sein, der nur allzu gut versteht, was im Herzen eines Menschen wirklich los ist.

Als Jesus seine Jünger zu beten lehrt, wie zum Beispiel in den Fürbitten des Vaterunsers, zeigt er ihnen eine kinderleichte Aufrichtigkeit. Da „euer Vater weiß, was ihr braucht, bevor ihr ihn bittet" (Mt. 6,8) – und *wir wissen, daß er es weiß* – können wir frei und geradeheraus und bestimmt mit ihm reden.

Jesus ermutigt uns auch, *selbstbewußt* zu beten. Im Gleichnis vom Freund, der seinen Nachbarn um Mitternacht stört, zeigt uns Jesus, wie der Bittsteller bekam, was er wollte – nicht aus Freundschaft, sondern „wegen seines unverschämten Drängens" (*LB*, Lk. 11,8). Es geht dabei also nicht nur um seine Hartnäckigkeit, sondern buchstäblich um seine Schamlosigkeit (*anaideia*). Es ist die reine *Unverschämtheit* des Mannes, sein Überschreiten der Grenzen des Anstandes, die Jesus zu empfehlen scheint.

Eben diese Dreistigkeit, die einem Nachbarn gegenüber eine bloße Frechheit wäre, ist das Vorrecht, das Kinder innerhalb einer Familie genießen. Dieses Vorrecht kann natürlich auch ausgenutzt werden, weil wir manchmal so ichbezogen und stolz sind, daß wir meinen, daß uns der Vater voll und ganz allein zur Verfügung stehen müßte. Doch bei anständigen Kindern basiert dieses selbstbewußte Fragen auf dem Versprechen des Vaters, alles für sie zu tun, worum sie ihn in Jesu Namen bitten. Geradeso wie der Nachbar wußte, daß der Freund das Brot hatte, das er brauchte; so hat uns der Vater versprochen, all unsere Bedürfnisse zu stillen. Allein aufgrund der Reichtümer unseres Vater und der Kraft seines Versprechens können wir so direkt zu ihm sprechen.

Diese Sicherheit ist auch die Erklärung für das Gebetsleben des Elia. Jakobus sagt, daß er sich von uns durch nichts unterschied (Jak. 5,17-18). Doch Elia besaß die Zusage Gottes, daß er, falls sich sein Volk von ihm abwenden würde, die Himmel gegen sie verschließen würde (5.Mose 28,15-24). Alles, was Elia tat, war, Gott zu bitten, sein Versprechen zu halten. Er drückte sein Vertrauen darin aus, daß er Gott vertraute, daß Gott es auch tun würde! Dies ist das große Vorrecht eines jeden Gotteskindes.

Jesus lehrt uns auch, *erwartungsvoll* zu beten. Wenn unser Herr lehrte, hat er anscheinend gerne eine bestimmte Art der logischen Argumentation angewandt, die als Argumentation *a minore ad maius* (vom Kleineren zum Größeren) bekannt ist. Eine solche Argumentation besagt, daß, falls der geringere (bzw. der einfachere oder offensichtlichere) Punkt zutrifft, der größere um so richtiger sein muß.

Jesus benutzte diese Art des Argumentierens, um die Vaterschaft Gottes zu verdeutlichen: „So schlecht ihr doch seid, ihr wißt doch, was euren Kindern guttut, und gebt es ihnen. Wieviel mehr wird euer Vater im Himmel denen Gutes geben, die ihn darum bitten" (Mt. 7,11). An dieser Stelle ist das Argument folgendes: Du bist schlecht, und doch liebst du deine Kinder und gibst ihnen Geschenke. Aber Gott ist gut und liebt seine Kinder vollkommen. Du kannst also davon ausgehen, daß er auf seine Kinder Geschenke regnen lassen wird.

Das heißt aber nicht, daß wir das, worum wir bitten, auch genau so bekommen werden, wie wir es erwarten. Gott kann unsere Gebete auch mit 'Kreuzen' beantworten, wie es der Liederdichter John Newton ausdrückte. Aber es ist einfach undenkbar, daß der Vater seinen Kindern nichts Gutes zukommen lassen sollte. Das ist der Grund, warum wir, nachdem wir gebetet haben, in der Erwartung weiterleben können, daß unsere Gebete eines Tages auf irgendeine Weise beantwortet werden. So wird für das Kind Gottes das ganze Leben zu einem beantworteten Gebet – zu einem Lebensstil, den wir im Lichte der Verheißungen unseres Vaters und in der Gegenwart der Liebe unseres Vaters leben dürfen.

Um im Lichte der Verheißungen und der Liebe Gottes zu leben, müssen wir uns unserer Beziehung zu ihm als unserem Vater sicher sein. Eben dieses Vertrauen schenkt uns der Geist der Kindschaft wie wir im nächsten Kapitel sehen werden.

Kapitel 6

DER GEIST DER KINDSCHAFT

Bisher haben wir gesehen, daß Gott auf verschiedenen Ebenen in unserem Leben tätig ist. Er bringt uns in seine Familie, indem wir von neuem geboren werden, und er schafft in uns eine neue Lebensausrichtung, weil wir jetzt zu seiner neuen Schöpfung gehören. Dazu verleiht er uns durch die Adoption auch die Rechte und Privilegien, die Kindern eigen sind. Wir führen einen neuen Namen und werden Erben all dessen, was Christus für uns getan hat – und darüber hinaus werden wir als Miterben auch teilhaben an Christi eigener Erbschaft (Röm. 8,17).

Doch Gott wirkt auch noch auf einer anderen Ebene. Wie wir bereits gesehen haben, veranschaulicht das Gleichnis vom verlorenen Sohn die innere Einstellung mancher Christen, auch wenn sie bereits in die Gemeinschaft mit Gott zurückgekehrt sind. In ihren Herzen hegen sie oft den heimlichen Verdacht: Ich bin nicht wert, Gottes Sohn zu sein, aber vielleicht kann ich mich ja als einer seiner Tagelöhner durchschlagen.

Der Ausgangspunkt solchen Denkens liegt in der Unfähigkeit zu glauben, daß unsere ganze Erlösung ausschließlich von Gottes Gnade und Liebe abhängig ist. Es ist so, daß wir überhaupt nichts beisteuern können, um sie zu verdienen. Es dauert meist recht lange, bis uns die Bedeutung und Auswirkung dieser Tatsache bewußt wird. Wir sind Kinder, aber wir stehen in der Gefahr uns die geistige Haltung von Tagelöhnern anzueignen. Und wenn der Teufel keine andere Möglichkeit hat, unsere Freude in Christus zu trüben, wird er versuchen, in uns zu schaffen, was unsere Glaubensväter einen „knechtischen Geist" (*LB*, Röm. 8,15) nannten.

Spuren dieser Knechtschaft finden sich bereits auf den ersten Seiten der Bibel, als nämlich die Schlange zu Eva kam und zu ihr sagte: „Hat Gott wirklich gesagt: 'Ihr dürft die Früchte von den Bäumen im Garten nicht essen?'" (1.Mose 3,1). Er wollte Adam und Eva folgendes andeuten: 'Versteht ihr überhaupt, was das für ein Gott ist, der euch hierher gebracht hat? Er will nicht wirklich das Beste für euch, sonst würde er euch nicht überall einschränken. Er hat euch zu Sklaven gemacht, die sich um seinen Garten kümmern sollen; aber er will euch nicht erlauben, daß Ihr euch daran erfreut.'

In Wirklichkeit hatten sie natürlich die Freiheit jeden Baum im Garten zu genießen – außer einem einzigen (1.Mose, 2,16-17). Das genaue Gegenteil von dem, was die Schlange ihnen einreden wollte, war also der Fall. Gott hatte sie als seine Kinder in den Garten gebracht! Der Garten gehörte ihnen. Dennoch fielen sie auf den Trick Satans herein und glaubten, daß sie Sklaven und nicht Kinder wären. Die Tragik ist, daß sie dann genau zu dem wurden, wofür sie sich fälschlich gehalten hatten.

Als Kinder Gottes werden wir mit haargenau derselben Versuchung konfrontiert. Das ist der Grund, warum wir den *Geist der Kindschaft* brauchen.

Worum handelt es sich bei diesem Geist der Kindschaft? Paulus sagt:

> „Der Geist, den Gott euch gegeben hat, ist ja nicht ein Sklavengeist, so daß ihr wie früher in Angst leben müßtet. Es ist der Geist, den ihr als seine Söhne und Töchter habt. Von diesem Geist erfüllt rufen wir zu Gott: 'Abba! Vater!'. So macht sein Geist uns im Innersten gewiß, daß wir Kinder Gottes sind. Wenn wir aber Kinder sind, dann sind wir auch Erben, und das heißt: wir bekommen teil am unvergänglichen Leben des Vaters, genauso wie Christus und zusammen mit ihm. Wie wir mit Christus leiden, sollen

wir auch seine Herrlichkeit mit ihm teilen." (Röm. 8,15-17)

Viele Übersetzungen geben das griechische Wort *huiothesia* in diesem Textabschnitt mit 'Sohnschaft' oder 'Kindschaft' wieder, wie zum Beispiel die Lutherbibel. Aber damit wird das, was Paulus eigentlich sagt, sehr verschwommen wiedergegeben. Das Wort, das Paulus hier verwendet, bedeutet genaugenommen 'als Sohn bzw. Kind eingesetzt zu sein'. Es ist das Wort für Adoption, oder vielmehr Kindschaft durch Adoption. Für Paulus steht also der Geist der Kindschaft eher in Verbindung mit unserer *Adoption* als mit unserer *Erneuerung*.

Was bzw. wer ist nun aber dieser Geist der Adoption bzw. Kindschaft? Meint Paulus unseren menschlichen Geist oder den göttlichen Geist? Der Zusammenhang legt nahe, daß sich Paulus auf den Heiligen Geist bezieht. In den vorhergehenden Versen hat er immer wieder auf ihn verwiesen (Röm. 8,2.4.5-6.9.11.13-14.16). Darüber hinaus macht die Parallelstelle in Galater 4,1-6 deutlich, daß dieser Geist der „Geist seines [Gottes] Sohnes" ist (Gal. 4,6). Wenn wir also über den Geist der Kindschaft sprechen, dann haben wir die Gegenwart dessen in unserem Leben im Sinne, der auch schon im Leben des Sohnes Gottes und in dessen öffentlichen Auftreten gegenwärtig war, ihn unterstützte, bestätigte und es ihm auch ermöglichte, zu sagen: „Abba, lieber Vater" (Mk. 14,36 vgl. Röm. 8,15).

Das Wirken des Geistes der Kindschaft vermittelt uns die tief verwurzelte Überzeugung, daß wir wirklich Kinder Gottes sind. Wenn es stimmt, daß wir eine neue Grundeinstellung empfangen haben und Gott uns in seine Familie aufgenommen hat, dann vergewissert uns der Geist, daß dies auch wirklich wahr ist. Gleichzeitig ermöglicht er uns, unser Leben in der Freude über diesen wunderbaren geistlichen Segen zu führen.

Paulus hebt die Bedeutung, die dem Wirken des Geistes beigemessen werden muß, durch einen Gegensatz hervor. Wir haben den Geist der Kindschaft empfangen, *nicht einen Sklavengeist*. Es ist nicht leicht mit letzter Gewißheit zu sagen, ob Paulus von unserem Geist oder dem Heiligen Geist spricht, doch in beiden Fällen geht es um das gleiche – die Sklaverei der Angst.

Worin liegt jedoch die Bedeutung dieses Gegensatzes? Wir sollten dazu die Parallelstelle in Galater 4,1-6 betrachten, die uns bei der Auslegung dessen, was Paulus meint, helfen wird. Dort stellt er die Erfahrung der Gnade Gottes in Christus in Kontrast zu der Erfahrung, die die Gläubigen unter dem alten Bund machten, die gewissermaßen noch in der 'Sklaverei' lebten. Sie waren zwar schon Kinder, aber die Zeit, die Gott bestimmt hatte, zu der sie die volle Erbschaft seiner Gnade antreten sollten, war noch nicht gekommen. Im Vergleich zum neuen Bund in Christus (und zwar *nur* im Vergleich, da die Gläubigen unter dem alten Bund auch viel Freude erfuhren) war dies eine Zeit der 'Sklaverei'.

Demgegenüber sind nun die Gläubigen in Christus Erben all der mannigfaltigen Erfahrungen, die Kinder machen, die frei geboren wurden. Um dies zu verwirklichen, sandte Gott seinen Sohn, damit er uns Gottes Erlösung und Vergebung sicherstellt. Danach sandte er seinen Geist in unsere Herzen, um eine vertrauensvolle, kindliche Gesinnung zu schaffen, so daß wir uns an seiner erlösenden Gnade erfreuen und sie erleben können.

Doch es gibt noch einen anderen, einen weitaus persönlicheren Aspekt hinter diesem Gegensatz. Paulus betont, daß wir zuvor in Angst gelebt haben, nun aber als Kinder Gottes in Freiheit leben. Bevor wir Christen wurden, hatten wir keine Sicherheit; wir standen unter Satans Einfluß und unter Todesangst. Und weil wir dieser größten aller Ängste ausgeliefert waren, wurden wir auch von allen anderen Arten kleinerer Ängste geknebelt (Hebr. 2,15). Gott hat uns jedoch aus diesem Zustand befreit. Christus hat unsere Schuld getilgt. Darüber hinaus schickt er seinen Geist in unsere Herzen, der uns die tiefe geistliche und psychologische Sicherheit des Angenommenseins gibt, die auf der objektiven Tatsache beruht, daß uns unsere Sünden vergeben wurden und wir dem Herrn gehören. Dies lehrt uns auch der großartige Katechismus, den Zacharias Ursinus und Caspar Olevianus 1563 veröffentlichten und der unter dem Namen *Heidelberger Katechis-*

mus bekannt wurde. Noch immer wird er von vielen europäischen Gemeinden als Glaubensbekenntnis verwendet. Die erste Frage und Antwort lautet wie folgt:

    1. Frage: Was ist dein einziger Trost im Leben und im Sterben?

    Antwort: Daß ich mit Leib und Seel, beide im Leben und im Sterben, nicht mein, sondern meines getreuen Heilands Jesu Christi eigen bin, der mit seinem teuren Blut für alle meine Sünden vollkömmlich bezahlet und mich aus aller Gewalt des Teufels erlöset hat und also bewahret, daß ohne den Willen meines Vaters im Himmel kein Haar von meinem Haupt kann fallen, ja auch mir alles zu meiner Seligkeit dienen muß. Darum er mich auch durch seinen heiligen Geist des ewigen Lebens versichert und ihm forthin zu leben von Herzen willig und bereit macht.[13]

Wir besitzen tatsächlich den Geist der Kindschaft und dementsprechend auch den Geist von Söhnen und Töchtern unseres Vaters!

Der Geist der Kindschaft hat für einen Christen eine Reihe bedeutsamer Auswirkungen:

Der Geist der Kindschaft schenkt dem Christen Zuversicht

Der Geist als Geist der Kindschaft legt „*mit* unserem Geist" (und wahrscheinlich nicht „*unserem Geist*") Zeugnis ab, daß wir Gottes Kinder sind (s. *LB,* Röm. 8,16).

Was hat es nun mit diesem 'Zeugnis' auf sich? Über viele Jahrhunderte hinweg wurden diese Worte unter Christen diskutiert.

Es gibt zwei Fehler, die uns unterlaufen können, wenn wir über sie nachdenken. Ein Fehler wäre zu denken, daß dieses

---

[13] *Heidelberger Katechismus,* Gütersloher (Verlagshaus Mohn), 1978, S.15-16

Zeugnis des Geistes ausschließlich mystisch gemeint sei, als ob der Geist uns in einem unbeschreiblichen Erlebnis zuflüstern würde: 'Du bist ein Kind Gottes'. Das würde auf eine neue Offenbarung Gottes hinauslaufen und zwar über die Offenbarung hinaus, die uns in der Heiligen Schrift gegeben wurde.

Der andere Fehler wäre, den übernatürlichen Aspekt in dem, was Paulus sagt, herabzusetzen. Manchmal können wir uns so sehr vor einer falschen Betonung mystischer Erfahrungen fürchten, daß wir das übernatürliche Wirken Gottes in unserem Leben ganz und gar verneinen. Es kann dagegen durchaus sein, daß diese durch den Geist gegebene Zuversicht auf eine wunderbare oder sogar dramatische Weise erfahren wird.

Für uns ist es am besten, Schritt für Schritt nachzuempfinden, was Paulus hier lehrt. Zu Beginn sollten wir festhalten: Paulus lehrt, daß das Zeugnis des Geistes ein gemeinschaftliches Zeugnis ist – ein Zeugnis mit „unserm Geist" (*LB*, Röm. 8, 16) – und kein unabhängiges Zeugnis. Nur zusammen *mit* dem Zeugnis unseres eigenen Geistes gibt der Heilige Geist sein Zeugnis, daß wir Kinder Gottes sind.

Der Hintergrund dazu könnte 5.Mose 19,15 sein: „Durch zweier oder dreier Zeugen Mund soll eine Sache gültig sein" (*LB*). Der Heilige Geist ist der Zeuge, der dem Zeugnis unseres Geistes Glaubwürdigkeit verleiht.

Wir sollten dabei auch an den Zusammenhang der römischen Adoptionspraxis denken, die den Hintergrund zur Lehre des Paulus in Römer 8 bildet. Adoption war ein öffentlicher Akt. Dieser wurde vor Zeugen vollzogen. Diese Zeugen waren dann zu einem späteren Zeitpunkt in der Lage, über den Tatbestand einer Adoption Zeugnis abzulegen. Bei einem Streit (zum Beispiel über eine Erbschaft) wurde somit die eigene Aussage des betroffenen Kindes durch die Aussagen der Zeugen bekräftigt. Ähnlich bestätigt Gottes Geist unsere Selbsteinschätzung durch sein Zeugnis.

Warum sollte das so wichtig sein? Ein Christ ist häufig den Angriffen Satans ausgesetzt und wird versucht, seinen wahren

DER GEIST DER KINDSCHAFT

Stand vor Gott in Frage zu stellen. Paulus spielt in Römer 8 darauf an, indem er eine Reihe von Fragen stellt, die seinen Verstand und sein Herz offensichtlich schon oft beschäftigt haben: '*Wer* will sich gegen uns stellen? *Wer* will die Menschen anklagen, die Gott erwählt hat? *Wer* will sie verurteilen? *Wer* will uns von Christus und seiner Liebe trennen?' (Röm. 8,31-35). Der, der all das versucht, ist Satan. Wir brauchen daher dringend einen 'Freund vor Gericht', der auf unserer Seite steht, und sagt: Dies ist ein Kind Gottes. Und das ist genau die Aufgabe, die der Geist Gottes übernimmt.

John Owen machte dies in seinem berühmten Werk über die Gemeinschaft mit Gott deutlich. Dort schreibt er über das Zeugnis des Heiligen Geistes:

Es handelt sich ganz offensichtlich um eine Anspielung auf rechtliche Vorgehensweisen in puncto Rechtsansprüche und Beweise. Nachdem der Richter eingesetzt wurde, macht die betreffende Person ihren Anspruch geltend, präsentiert ihre Beweise und hält ein Plädoyer. Seine Gegner unternehmen dagegen jede Anstrengung, die Beweise und das Plädoyer zu entkräften und seinen Anspruch zurückzuweisen. Mitten in der Verhandlung erscheint nun eine Person, dessen Integrität bekannt ist und von allen bestätigt wird, und macht eine allumfassend Aussage zugunsten des Klägers, welche die Mäuler all seiner Gegner stopft und den Mann, der sein Recht einforderte, mit Freude und Befriedigung erfüllt.

Und so ist es auch in diesem Falle. Die Seele wird durch die Kraft ihres eigenen Gewissens vor das Gesetz Gottes gebracht. Dort hält nun ein Mensch sein Plädoyer, um zu beweisen, daß er ein Kind Gottes ist und zur Familie Gottes gehört. Zu diesem Zwecke präsentiert er all Beweise, die er hat – alles, wodurch der Glauben ihm ein Interesse an Gott gibt. In der Zwischenzeit stellt sich ihm Satan mit aller Macht entgegen. Sünde und das Gesetz helfen ihm dabei. Viele Mängel werden nun an den Beweisen aufgedeckt, die Wahrheit des Ganzen ist in Frage gestellt, und die Seele wartet voller Spannung auf das Ergebnis. Mitten in das Plädoyer und die Auseinandersetzung platzt nun der Tröster herein und beflügelt das Herz – durch ein Versprechen oder ähnliches – mit der tröstlichen Gewißheit, daß sein Anspruch wahr und er ein Kind Gottes sei. Und damit schlägt er alle Gegenreden nieder.

Wenn unsere Seelen ihr Recht beanspruchen, kommt er hinzu und gibt Zeugnis zu unseren Gunsten. Gleichzeitig versetzt er uns in die Lage, im kindlichen Gehorsam zu handeln, freudig und wie ein Kind – dies heißt eigentlich zu rufen: „Abba! Vater!" (Gal. 4,6).[14]

Als nächstes ist festzustellen, daß das Zeugnis des Geistes in Verbindung zu dem Aufschrei unserer Herzen steht: „Abba! Vater!" Es geschieht durch ihn – den Heiligen Geist –, daß wir so rufen. Können wir diesen Aufschrei als das eigentliche Zeugnis des Geistes mit unserem Geiste verstehen? Oder ist er vielmehr die Folge seines Zeugnisses? Es ist festzuhalten, daß das Zeugnis des Geistes durch den Akt des Rufens: „Abba, lieber Vater" ausgedrückt wird – genauso wie Jesus es im Garten Gethsemane tat (Mk. 14,36). In diesem Hilferuf nämlich legt der Geist Gottes *mit unserem Geist* Zeugnis davon ab, daß wir tatsächlich Gottes Kinder sind. Er wirkt in den innersten Tiefen unseres Seins, um uns davon zu überzeugen, daß wir zum Vater gehören. Es ist dieses tiefe, innere Bewußtsein, das in den Krisenzeiten des Lebens an die Oberfläche kommt, indem wir Gott dann immer noch „Abba, lieber Vater" nennen.

Diese Auslegung wird durch die Tatsache bestätigt, daß Paulus in Galater 4,6 sagt, daß es der Heilige Geist sei (nicht unser Geist), der da ruft: „Abba! Vater!" Wenn wir nun beide Textstellen zusammennehmen, müssen wir daraus schließen, daß wir *durch den Heiligen Geist* in die Lage versetzt werden, „Abba! Vater!" zu rufen. So gesehen macht unser Geist seine Aussage, und der Heilige Geist bestätigt das Zeugnis unseres eigenen Geistes, daß wir wirklich Gottes Kinder sind.

---

[14] OWEN, John: a.a.O., S. 241

Interessant ist dabei auch, daß Paulus davon spricht, daß die Gläubigen „gleichsam als Anzahlung – den Heiligen Geist bekommen haben" (Röm. 8,23). Er meint damit nicht, daß wir nur einen Teil (den ersten Teil) des Geistes besitzen, sondern daß der Geist selbst die Anzahlung unseres Erbes ist. Das Wort, das er hier verwendet – *aparchê* – war gleichzeitig auch die Bezeichnung für die Geburtsurkunde eines freien Mannes! Vielleicht hatte Paulus diesen Aspekt auch bei diesem Abschnitt im Kopf, der sich sehr intensiv mit dem Gedanken beschäftigt, daß der Gläubige ein Kind Gottes ist – adoptiert in Gottes Familie. So ist der Geist sozusagen unsere Geburtsurkunde; und er nimmt aktiv an unserem Leben teil, um uns zu versichern, daß wir dem Vater angehören!

An dieser Stelle helfen uns die Worte des Paulus, eine knifflige Frage zu beantworten: Besitzen wir diese Sicherheit, weil wir bestimmte Kennzeichen des wahren Glaubens aufweisen, *oder* weil wir das Zeugnis des Heiligen Geistes besitzen? Diese Frage ist allerdings ein falsch formulierter Gegensatz. Wenn Paulus das Zeugnis des Heiligen Geistes betont, verneint er nicht das Bewußtsein, das der Gläubige bereits besitzt, wenn er auf Jesus Christus vertraut und sieht wie sich die Früchte dieses Vertrauens in seinem Leben entwickeln. Beides geht Hand in Hand. Überhaupt hebt Paulus die Harmonie zwischen dem Zeugnis des Heiligen Geistes und den Früchten des Heiligen Geistes klar hervor, wenn er die weiteren Aspekte des Wirkens des Geistes der Adoption erläutert:

Der Geist der Kindschaft hilft dem Christen, Sünde abzutöten

Paulus macht deutlich, daß der Geist Gottes einen *moralischen* Einfluß auf das Leben eines Christen hat, schließlich ist er der *Heilige* Geist.

Im gesamten achten Kapitel des Römerbriefes erklärt Paulus die Vorgehensweise des Heiligen Geistes. In Vers 15 identifiziert er ihn als den Geist der Kindschaft, wie die Lutherbibel aus dem

Griechischen übersetzt (GNB: „den Geist, den wir als seine Söhne und Töchter haben"). Schenken wir seiner Argumentation, die zu dieser Aussage führt, etwas nähere Beachtung:

- In Vers 13 argumentiert Paulus, daß man in der Kraft des Geistes den selbstsüchtigen Willen abtöten muß, um leben zu können (die Lutherbibel spricht in diesem Zusammenhang vom Abtöten des Fleisches).
- Als nächstes kennzeichnet moralische Erneuerung diejenigen, „die sich in dieser Weise vom Geist Gottes führen lassen" (Vers 14). Sie sind Gottes Söhne und Töchter.
- Und der Geist, den wir empfangen haben, ist der Geist der Kindschaft. Und als Gottes Söhne und Töchter können wir erwarten, daß er wie gerade beschrieben in uns wirkt (Vers 15).

Die Logik seiner Argumentation besagt also folgendes: Wenn wir Kinder Gottes sind und den Geist der Kindschaft empfangen haben, sollte unser Leben logischerweise dadurch gekennzeichnet sein, daß wir in der Kraft des Geistes den Zwang, unserer selbstsüchtigen Natur zu folgen, bezwingen. Dies wird erreicht durch die Kraft des Geistes, welcher der Geist der Kindschaft ist. Kurz gesagt: Der Geist der Kindschaft ist auch der Geist der *mortificatio* (Abtötung) unseres sündigen Fleisches.

Wie aber können wir den Zwang, unserer selbstsüchtigen Natur zu folgen, überwinden? Wir müssen dies mit den richtigen Motiven und in der richtigen Weise tun.

Was **unsere Motive** betrifft, so haben wir die Verpflichtung, Sünde abzutöten. Paulus sagt: „Wir stehen also nicht mehr unter dem Zwang, unserer selbstsüchtigen Natur zu folgen" (Röm. 8,12). Das bedeutet, daß wir die Verpflichtung haben, dem Geist Gottes gemäß zu leben. Woher rührt diese Verpflichtung? Sie folgt aus der Tatsache, daß „Gottes Geist in euch wohnt" (*LB,* Röm. 8,9). Wir stehen unter seiner Herrschaft und Führung (Paulus sagt eigentlich, daß wir 'im Geist' sind). Das heißt, der Geist ist der Einflußbereich, in dem wir unser Leben führen; er ist das Gesetz, nach dem wir leben. In diesem Wirkungskreis versucht der Geist, in uns einen Lebensstil zu verwirklichen, der genau entgegengesetzt verläuft zu unserem selbstsüchtigen Willen. Er ruft einen Konflikt mit unserem Fleisch hervor. Das Ziel dieses Konflikts ist, die Einflüsse und Neigungen des Fleisches zu minimieren, seine Werke zu zerstören und die Frucht des Geistes zu pflanzen (Gal. 5,17-26).

Außerdem ist der Geist, der uns in dieser Weise regiert, der Geist der Auferstehung. Es ist „der Geist dessen, der Jesus vom Tod auferweckt hat" – und Paulus fügt hinzu, daß er „schon jetzt in euch lebt" (Röm. 8,11). Er ist der Geist des neuen Zeitalters, das anbrach in unserer ersten Erfahrung mit Jesus Christus. Obwohl wir die Kraft dieses neuen Zeitalters noch nicht völlig erleben, ist dies doch zumindest schon teilweise möglich, weil der Geist in unserem Leben ist. Er gehört zu dieser neuen Zeit, und sein ganzes Wirken in uns soll uns dazu bringen, ein Leben zu führen, das unserer zukünftigen Bestimmung angemessen ist.

Paulus gibt zu verstehen, daß wir noch ein anderes Motiv haben, um die in uns wohnende Sünde abzutöten. Folgendermaßen sollten Kinder leben: Sie sollten versuchen, ihren Vater in allen Dingen zufriedenzustellen und alles zu vermeiden, was ihm in irgendeiner Weise mißfallen könnte. „Alle, die sich in dieser Weise vom Geist Gottes führen lassen, die sind Gottes Söhne und Töchter" (Röm. 8,14). Diese Worte, die oft als ein Hinweis auf Gottes Führung verstanden werden, unterstreichen in Wirklichkeit das heilige Verhalten der Kinder Gottes. Die Leitung des Geistes ist weniger eine Anleitung für bestimmte Schritte in unserem Leben, als eine konkrete Orientierungshilfe über die moralische Grundausrichtung unseres Lebens, die wir immer einschlagen sollen.

Eine letzte Motivation nicht mehr unserer selbstsüchtigen Natur zu folgen, sind die Konsequenzen, die wir zu tragen hätten, wenn wir nach dem Fleische leben: „Wenn ihr nach eurer eigenen Natur lebt, werdet ihr sterben" (Röm. 8,13). Warum diese brutale Deutlichkeit? Die Tatsache, daß die Worte, die Paulus an seine Leser richtet, an die Worte, die Gott an Adam und Eva

(1.Mose 2,17.) richtete, erinnern, liefert uns die Antwort. Sie waren in die Irre geführt worden und maßen den Worten Gottes nicht die Bedeutung bei, die diese verdienten. Sie verfielen der Versuchung der Schlange, was eine Verleugnung der Worte Gottes bedeutete (1.Mose 3,4). 'Denkt nicht, daß ihr einem ähnlichen Fehler gegenüber immun seid', sagt Paulus, 'Nehmt die Sünde ernst, damit niemand dem Betrug der Sünde erliegt' (vgl.: Hebr. 3,13).

Wie sollen wir unsere selbstsüchtigen Natur bezwingen, damit wir ganz für Gott leben können?

Zuallererst sollten wir unser Leben in dem Bewußtsein leben, daß die Augen unseres Vaters alles sehen, und daran denken, daß wir einst vor seinem Richterstuhl erscheinen werden. Dies wird nicht nur von Paulus zum Ausdruck gebracht (2.Kor. 5,10). Auch in der Bergpredigt bildet dieser Gedanke den Schwerpunkt der Lehre Christi über das christliche Leben. Unser Vater sieht und weiß; unser Vater reagiert, indem er richtet. Am letzten Tage wird es uns nichts nützen, wenn wir sagen: „Herr, Herr! In deinem Namen haben wir prophetische Weisungen verkündet, in deinem Namen haben wir böse Geister ausgetrieben und viele Wunder getan" (Mt. 7,22), wenn wir in Wirklichkeit „Übeltäter" waren (*LB,* Mt. 7, 23).

Zweitens müssen wir der Lehre der Heiligen Schrift folgen. Eben dies bedeutet, unseren selbstsüchtigen Willen *„in der Kraft des Geistes"* zu überwinden. Manchmal versuchen wir, dies durch andere Mittel zu erreichen, die nicht biblisch sind. Doch anstatt uns von der Sünde zu befreien, ziehen sie uns nur noch tiefer und tiefer in die Sünde hinein. Paulus warnt uns davor, daß es möglich ist, in einem falschen Mystizismus (eine besondere 'spirituelle' Erfahrung, die jemanden auf eine neue Ebene des Lebens erhebt, auf der die Sünde leicht überwunden wird) und einer falschen Askese (eine schonungslose Behandlung unseres Körpers durch Regeln über Essen und Trinken) gefangen zu werden. Allerdings werden wir dadurch nicht innerlich verändert, sondern statt dessen in tiefe geistliche Sklaverei geführt (s.: Kol. 2,1-23).

Im Gegensatz dazu sollen wir den Ermahnungen der Bibel folgen: Den Geboten des Herrn sollen wir aus vollem Herzen gehorsam sein; die Werke der Dunkelheit ablegen; den Herrn Jesus Christus anziehen und uns weigern, gedanklich dort zu verweilen, wo die Begierden des Fleisches befriedigt werden (s.: *LB,* Röm. 13, 8-14). Ähnlich lautet auch die Botschaft in Kolosser 3, 1-17, wo Paulus äußerst hilfreich erläutert, was dies beinhaltet.

Als drittes müssen wir unsere selbstsüchtige Natur ans Kreuz nageln (Gal. 5,24). Als wir Christen wurden, taten wir dies ein für allemal auf eine sehr radikale Art. Wir legten das Prinzip ab, nach dem Diktat unserer Natur zu leben, und unterwarfen uns statt dessen dem Willen des Geistes, wie er sich in Gottes Worten zeigt.

Deshalb müssen wir auf dieser erhöhten Ebene der Hingabe weiterleben. Wir müssen dem Geist Gottes zuarbeiten und nicht der menschlichen Selbstsucht (Gal. 6,8). Die Welt muß uns gekreuzigt sein (Gal. 6,14). Wir müssen alles und jedes, was uns von Jesus Christus und von unserem Anteil an seiner Heiligkeit wegziehen will, ablehnen und uns abgrenzen – und zwar radikal und pausenlos. Wir müssen die Sünde zurückweisen und sie aushungern, d.h. wir dürfen nicht mit ihr spielen und sie auch noch füttern. Unsere Instinkte, die so lange unter der Herrschaft der Selbstsucht waren und der alten Ordnung angehörten, von der wir durch Jesus Christus befreit wurden, müssen für die *neue Ordnung* vollständig umgeschult werden. Falls wir der Sünde gestorben sind (was wir ja sind), dürfen wir nicht länger leben, als ob wir noch unter ihrer Herrschaft stünden (Röm. 6,2).

Der Geist der Kindschaft imitiert Jesus im Leben eines Christen

Es gibt einen weiteren Gedanken in dem, was Paulus über die Gegenwart des Geistes der Kindschaft im Leben eines Christen zu sagen hat. Der Geist *reproduziert* in unserem Leben das maßgebliche Muster, das er auch im Leben Jesu *produziert* hatte.

Auf dieses Muster wird in Römer 8,11 hingewiesen. Paulus sagt, daß Gott in uns das erzeugen wird, was er zuerst in Jesus Christus geschaffen hatte – nämlich die Auferstehung durch den Geist. Später teilt uns Paulus mit, daß wir als Kinder Gottes Miterben Jesu Christi sind: „Wie wir mit Christus leiden, sollen wir auch seine Herrlichkeit mit ihm teilen" (Röm. 8,17).

Die Absicht, die der Geist in unserem Leben verfolgt, weist eine gewisse Ordnung auf – und zwar das Nacheinander von Leid und Herrlichkeit. Aber was für eine Absicht steckt hinter dieser besonderen Sequenz und dieser Ordnung? Paulus weist uns darauf hin, daß unser Leiden und unsere Herrlichkeit eine Anteilnahme am Leiden und an der Herrlichkeit Christi bedeuten. Wir sollen in die Fußspuren Jesu treten, dem Bahnbrecher unseres Heils, der durch Leiden vollkommen gemacht wurde, um viele Kinder zur Herrlichkeit zu führen (s.: Hebr. 2,10).

Was bedeutet das? Wir haben bereits gesehen, daß wir im Gehorsam gegenüber unserem Herrn alle unsere Sünden und sündhaften Neigungen kreuzigen sollen, d.h. wir kennzeichnen sie mit den Todesmalen Christi. Die Entwicklung, die wir nach Gottes Willen als seine Kinder nehmen sollen, führt über die Kreuzigung der Sünde zur Freude an dem neuen Leben, das er uns gegeben hat.

Es gibt noch eine weitere, völlig andere Dimension, in der dieses Schema von Tod-schafft-Leben und von Leid-führt-zur-Herrlichkeit verwendet wird. Nicht nur *wir* sollen diese Methode der Kreuzigung anwenden und damit Jesus Christus nachahmen (s.: 1.Pet. 2,21). Gott selbst wendet sie an, wenn er uns in seiner Souveränität durch Leid und Sorgen, durch Widrigkeiten und Probleme hindurchführt, um uns zu formen, *wie er es auch mit seinem eigenen Sohn getan hat.* Sehr dienlich erläutert Simon Petrus (in dessen Leben diese Regel so notwendig und so fruchtbar war) diese Lehre im Detail:

> „Deshalb seid ihr voll Freude, auch wenn ihr jetzt – wenn Gott es so will – für kurze Zeit leiden müßt und auf die verschiedensten Proben gestellt werdet. Das geschieht nur, damit euer Glaube sich bewähren kann, als festes Vertrau-

en auf das, was Gott euch geschenkt und noch versprochen hat." (1.Pet. 1,6-7)

„Meine Lieben, wundert euch nicht über die harte Probe, die wie ein Feuersturm über euch gekommen ist. Sie kann euch ja nicht unerwartet treffen; denn ihr leidet ja nur etwas von dem mit, was Christus gelitten hat. Freut euch vielmehr darüber, denn wenn er in seiner Herrlichkeit erscheint, werdet ihr erst recht von Freude und Jubel erfüllt sein. Ihr könnt euch glücklich preisen, wenn ihr beschimpft werdet, nur weil ihr euch zu Christus bekennt; denn dann ist der Geist Gottes bei euch, in dem Gottes Herrlichkeit gegenwärtig ist." (1.Pet. 4,12-14)

„Ihr müßt jetzt für eine kurze Zeit leiden. Aber Gott hat euch in seiner großen Gnade dazu berufen, in Gemeinschaft mit Jesus Christus für immer in seiner Kraft und Herrlichkeit zu leben. Er wird euch Kraft geben, so daß euer Glaube stark und fest bleibt und ihr nicht zu Fall kommt." (1.Pet. 5,10)

In diesen Abschnitten erkennen wir ein immer wiederkehrendes Thema. Es gibt einen Rhythmus, eine Sequenz innerhalb unserer christlichen Erfahrung: Leid führt zur Herrlichkeit; Widrigkeiten führen zum Sieg; Entbehrungen sind der Pfad zur Reife. Es handelt sich, wie Johannes Calvin einmal gesagt haben soll, um eine einfache Tatsache, daß Gott bestimmt hat, daß in seiner Familie das Kreuz der Weg zum Sieg und der Tod der Weg zum Leben ist. Dies gilt für die Kinder Gottes, weil es auch für den Sohn Gottes galt. Da sein eigener Geist in unserem Leben wirkt, können wir erwarten, daß dasselbe Schema wieder angewendet wird, um uns dem Bild unseres älteren Bruders ähnlicher zu machen. Dies geschieht in der Gemeinschaft mit dem Geist der Kindschaft.

Endlich deutet Paulus an:

Der Geist der Kindschaft gibt dem Christen einen Geist der Freiheit

Der Geist führt uns nicht in die Sklaverei. Er führt uns in die Freiheit. Diese Freiheit trägt verschiedene Kennzeichen, die in den folgenden Kapiteln behandelt werden.

Nicht alle Christen treten ihr volles Erbe an. Statt dessen dämpfen sie den Geist. Sie fühlen sich eher eingeschränkt als frei. Wir müssen immer wieder aufs neue entdecken: „wo der Geist des Herrn ist, da ist Freiheit" (2.Kor. 3,17). Das nächste Kapitel ist diesem Thema gewidmet.

Kapitel 7

DIE FREIHEIT DER KINDER GOTTES

Eine großartige Besonderheit der biblischen Lehre über die Gotteskindschaft ist die Betonung der Freiheit, die die Kinder Gottes genießen. Wir werden in Kapitel 9 sehen, daß wir noch nicht im Vollbesitz der Freiheit sind, welche wir als Gottes Kinder empfangen haben. Die vollkommene Freiheit erwartet uns nämlich erst noch in der Gegenwart Gottes. Wir singen zwar von der allumfassenden Erlösung, die wir empfangen haben, allerdings muß deren endgültige Wirklichkeit erst noch über Gottes Kinder hereinbrechen. Die Freiheit, nach der sich die Schöpfung sehnt – nämlich die Freiheit der „unvergänglichen Herrlichkeit, die Gott seinen Kindern schenkt" (Röm. 8,21) – ist der nächste Schritt in Gottes Erlösungsplan. In diesem Sinne warten wir noch immer auf unsere endgültige Adoption als Kinder Gottes. Dann werden wir mit unseren erlösten Körpern in der Lage sein, dem Herrn – von allen Einschränkungen unserer sündigen Natur befreit – dienen zu können (Röm. 8,23).

Obwohl wir jetzt noch nicht die Freiheit der Herrlichkeit Gottes erfahren, so können wir jedoch die Freiheit seiner *Gnade* genießen! Dieser gegenwärtige Besitz der Freiheit der Gnade Gottes ist im christlichen Leben von ganz zentraler Bedeutung. Hierbei dürfen wir an eine beeindruckende Ankündigung Jesu denken: „Wenn der Sohn euch frei macht, dann seid ihr wirklich frei" (Joh. 8,36).

Der Textzusammenhang macht unmißverständlich deutlich, daß Jesus diese Aussage in einer Diskussion über die Familienherkunft der Juden machte. Die Juden behaupteten, den Glauben

Abrahams an den verhießenen Messias zu besitzen: „Wir haben nur den einen Vater: Gott", erklärten sie (Joh. 8,41). Jesus erwiderte: „Wäre Gott wirklich euer Vater, dann würdet ihr mich lieben. ...Ihr seid Kinder des Teufels, der ist euer Vater" (Joh. 8,42-44). In diesem Zusammenhang versichert ihnen Jesus: „Wenn der Sohn euch frei macht, dann seid ihr wirklich frei" (Joh. 8,36), was soviel heißt wie: Dann würden sie sich der Freiheit der echten Kinder Gottes erfreuen. Freiheit ist also Kennzeichen eines echten Glaubens an Jesus Christus, genauso wie das Kennzeichen wahrer Freiheit die Liebe zu Jesus Christus ist.

Jesus Christus ist der große Befreier der Menschheit. Als er ganz am Anfang seines Wirkens den Grund verkündigte, warum ihn Gott gesandt hatte, fügte er der folgenden Lesung aus Jesaja diese schlichten Worte hinzu: „Heute, da ihr dieses Prophetenwort aus meinem Mund hört, ist es unter euch in Erfüllung gegangen" (Lk. 4,21):

> „Der Geist des Herrn hat von mir Besitz ergriffen, weil der Herr mich gesalbt und bevollmächtigt hat. Er hat mich gesandt, den Armen gute Nachricht zu bringen, den Gefangenen zu verkünden, daß sie frei sein sollen, und den Blinden, daß sie sehen werden. Den Mißhandelten soll ich die Freiheit bringen, und das Jahr ausrufen, in dem der Herr sich seinem Volk gnädig zuwendet." (Lk. 4,18-19)

Was bedeuten diese Worte? Den Hintergrund für Jesu Aussage, daß er gekommen ist, die Gefangenen zu befreien, bildet das jüdische *Jubeljahr*, das in 3.Mose 25 beschrieben wird. In den Gesetzen des Alten Testaments wurde das Prinzip des Sabbats, nämlich einen Tag von sieben auszusondern, erweitert. Jedes siebte Jahr wurde dem Land eine Sabbatruhe gewährt, indem Felder nicht besät und Weinreben nicht beschnitten werden durften. Überdies gab es nach jedem siebten Sabbatjahr (also alle fünfzig Jahre) ein 'großes Sabbatjahr': das Jubeljahr. In diesem Jahr durfte ab dem Versöhnungstag im siebten Monat desselben Jahres niemand säen oder ernten. Jeder kehrte zu seinem eigenen Land zurück, und die Sklaven wurden freigelassen. Es war ein

Jahr der Befreiung und wurde im ganzen Land durch Posaunen angekündigt.

Im vierten Kapitel des Lukasevangeliums bläst unser Herr die Posaune und kündigt Gottes Jubeljahr an. Er sagt, daß das alttestamentliche Gesetz nur ein blasser Schatten sei von dem, was unter der Herrschaft des Messias stattfinden werde, die nun durch die Gegenwart des Reiches Gottes eingeleitet worden sei. Jetzt sollten nämlich die Gefangenen durch Jesus Christus befreit werden! Das ganze Wirken Jesu veranschaulicht, wie er diese Worte verstand. Das Jahr des Herrn, an dem er sich uns gütig zuwendet (das 'heute', von dem Christus sprach), bedeutete die Freiheit von jeglicher Form der Sklaverei. Gott wollte, daß seine Kinder als seine Söhne und Töchter frei leben können.

Die Dimensionen der Freiheit der Kinder Gottes

Der Apostel Paulus greift das Thema der Freiheit der Kinder Gottes in seinem Brief an die Galater auf. Wahre christliche Freiheit war unter Beschuß gekommen. Er betonte daher noch einmal, was das Evangelium in unserem Leben bewirkt. Es erlaubt uns, unsere vollen Rechte als Kinder fröhlich auszuleben, weil wir nicht mehr Sklaven sind (Gal. 4,6-7). Von nun an gehören wir zum himmlischen Jerusalem – und das bedeutet, frei zu sein (4,26). Kurz gesagt: Christus hat uns zur Freiheit befreit (5,1). Und wir wurden auch in die Familie Gottes berufen, damit wir frei sind (5,13).

Die Freiheit, die Paulus beschreibt, hat zwei Aspekte:

Zunächst ist diese Freiheit *freier*. Im Galaterbrief vergleicht Paulus unsere Freiheit als Kinder Gottes mit den beträchtlichen Einschränkungen im Glaubenssystem des Alten Testaments. Den Hintergrund zu dem, was er sagte, bildet die Heilsgeschichte von der Zeit des Mose über Christus bis Pfingsten. Er hatte bereits betont, daß es nur *einen* Weg der Rettung gibt. Erlösung erlangen wir nur durch Jesus Christus. Im Alten Testament erlangten sie die Gläubigen durch eine Verheißung. Im Neuen Testament wird sie erlangt durch deren Erfüllung in Christus. Doch in beiden Fällen handelt es sich um denselben Heilsweg: Jesus Christus.

Vor dem Kommen Christi besaßen die Menschen nur die Verheißung, nicht die Wirklichkeit. Um ihre Treue zu erhalten, gab ihnen Gott das Gesetz (Paulus denkt hier besonders an die zeremoniellen und zivilrechtlichen Einschränkungen) als einen *paidagogos*, einen Zuchtmeister (Gal. 3,24). Normalerweise war der *paidagogos* ein Sklave, dessen Aufgabe es war, die Kinder zur Schule zu bringen. Sicherlich eine passende Beschreibung! Das Gesetz wirkte demzufolge als eine Art Vormund, der das Leben beschränkte und Gottes Kinder in engen Grenzen hielt, bis der Sohn *und* der Geist des Sohnes in unsere Herzen gesandt wurde (4,4-6).

Durch Christus wurden wir erlöst vom Fluch des Gesetzes, das wir gebrochen hatten, und gleichzeitig befreit von den speziellen erzieherischen Maßregelungen der mosaischen Gesetze. Der Geist macht uns unsere Freiheit bewußt, und in seiner Kraft fangen wir an, die Gebote des moralischen Gesetzes zu erfüllen. Dies macht unsere Freiheit aus. Paulus sagt, daß wir – im Vergleich zu den Gläubigen des Alten Testamentes – wie Kinder sind, die alle Rechte, die ihnen als solche zustehen, übertragen bekommen haben und nicht länger unter einem Vormund (Zuchtmeister) oder Vermögensverwalter (üblicherweise Rechtsanwälte!) stehen. Die Zeit, die der Vater bestimmt hat, ist gekommen (4,2): Jetzt ist das Jubeljahr für das Volk Gottes. Wir sind erwachsene Kinder! Wir sind frei!

Zweitens ist diese Freiheit auch *umfassender*. Wie wir gesehen haben, haben wir als Kinder Gottes im Vergleich zu den Gläubigen des Alten Testaments die vollen Rechte empfangen. Aber was beinhaltet diese Freiheit, über die wir nun verfügen? Es gibt mindestens sieben Aspekte unserer Freiheit als Söhne und Töchter Gottes.

(1) *Wir sind frei von Schuld, damit wir als Gottes Kinder in Frieden leben können.*

Wie wir bereits gesehen haben, liefert uns Paulus in Römer 8,12ff die ausführlichste Darlegung der Lehre über die Gotteskindschaft. Was ist aber die Grundlage dieser Lehre? Wie kann Gott Sünder in seine Familie aufnehmen? Wie können wir sicher sein, daß er uns, nachdem er uns adoptiert hat, nicht zurückweisen wird? Unsere Sicherheit und unser Frieden beruhen auf der Tatsache, daß sich unsere Adoption auf unserer Rechtfertigung gründet.

Seit Christus das tat, wozu das Gesetz nicht in der Lage war, nämlich das Gericht und die Verurteilung auf sich zu nehmen, welche das Gesetz selbst gegen uns Sünder aussprach, wissen wir: „Vor dem Gericht Gottes gibt es also keine Verurteilung mehr für die, die mit Jesus Christus verbunden sind" (Röm. 8,1; vgl. auch Verse 2-4). Das Wort *Verurteilung* beinhaltet hier die Vorstellung einer Gefängnisstrafe, die normalerweise nach dem Urteil des Gerichts abgesessen werden muß. Was Paulus schreibt, gibt uns große Sicherheit, denn Hand in Hand mit unserer Adoption sind wir für immer von der Schuld der Sünde befreit. Das heißt, wir müssen nicht befürchten, daß unsere Aufnahme in die Familie Gottes nur eine vorübergehende Sache ist, die bald wieder zu Ende sein könnte. Es besteht keine Gefahr, daß sich irgendwann herausstellen könnte, daß wir dieser Familie unwürdig sind. Gott selbst hat Schritte unternommen, um uns diese Sicherheit zu geben. Weil wir durch den Glauben gerechtfertigt sind, haben wir Frieden mit Gott, und Frieden mit Gott bedeutet Freiheit von Angst und Freude im Geist der Kindschaft (vgl. Röm. 8,15).

(2) *Wir sind frei von der Herrschaft der Sünde, damit wir unter der Herrschaft Christi dienen können.*

Wir konnten bereits feststellen, daß der Apostel Paulus in Römer 5 und 6 die Sünde in personifizierender Weise beschreibt. Er verwendet in diesen Kapiteln häufig einen bestimmten Artikel vor dem Wort *hamartia* (Sünde) und spricht von *der Sünde*: Die Sünde übt ihre Macht aus (5,21); sie ist der König, in dessen Reich wir einst lebten (6,2); sie war unser Herr (6,14) und wir ihre Sklaven (6,16.20); sie war unser Arbeitgeber und bezahlte uns mit dem Tod (6,23); sie war unser General, und in ihren Dienst stellten wir unsere Glieder als Waffen (griech.: *hopla*; *Hoffnung für Alle*: Werkzeuge, 6,13).

In Jesus Christus wurden wir jedoch von der Herrschaft und Macht der Sünde befreit. Weil wir mit Christus gestorben sind (6,2), wurden wir von der Sünde befreit. Wir sind nicht länger Sklaven der Sünde (6,6). Und da wir nun frei geworden sind von der Sünde, sind wir Sklaven der Gerechtigkeit geworden (6,18). Wir sind nicht länger Kinder der Finsternis, sondern „Kinder des Lichts" (*LB*, Eph. 5,8). Wir sind frei, um im Licht zu leben.

Dies wird im Neuen Testament immer wieder betont – und zwar aus gutem Grund. Es gibt für Kinder Gottes keinen heimtückischeren Feind als den Verdacht, daß wir noch immer Sklaven unseres alten Herrn sind. Dieser Feind nimmt uns jegliche Freude an der Freiheit, derer wir uns erfreuen sollten. Aus diesem Grund müssen wir uns immer und immer wieder auf diese sehr eindeutige Lehre der Bibel besinnen, bis uns die Privilegien zu Bewußtsein kommen, die uns als Miterben Jesu Christi zustehen.

(3) *Wir erleben Befreiung von der Sklaverei Satans, um voller Freude das Joch Jesu Christi zu tragen.*

Von Natur aus sind wir Kinder des Zorns, Gefolgsleute jener Geistesmacht, die ihr Reich zwischen Himmel und Erde hat: Satan (Eph. 2,2-3). Aber Christus hat seine Macht über uns gebrochen.

Wie hat Christus dies geschafft? Er trug die Sünde und Schuld, die uns der Kontrolle Satans ausgeliefert hatten ans Kreuz, und dort brach er die Macht Satans. So lehrt es uns Paulus, wenn er sagte, daß Christus am Kreuz die Mächte und Gewalten entwaffnet und sie öffentlich zur Schau gestellt hat (Kol. 2,15). Ebenso lehrt es uns auch der Brief an die Hebräer. Er stellt fest, daß Jesus durch seinen Tod demjenigen die Macht nahm, der über den Tod verfügte, um all die Menschen zu befreien, *„die durch ihre Angst vor dem Tod das ganze Leben lang Sklaven gewesen sind"* (Hebr. 2,14-15).

Mit bemerkenswertem Geschick und Nachdruck macht Johannes dies deutlich, wenn er erklärt, was es bedeutet, durch die Neugeburt ein Kind Gottes zu werden: Warum kam der Sohn Gottes? In erster Linie, um die Werke des Teufels zu zerstören (1.Joh. 3,8). Was ergibt sich daraus für uns? Hier die Antwort des Johannes: „Wer Gott zum Vater hat, sündigt nicht, weil das Erbgut seines Vaters in ihm wirkt. Ein solcher Mensch kann gar nicht sündigen, weil er von Gott stammt. Aber wer Unrecht tut oder seinen Bruder nicht liebt, stammt nicht von Gott. Daran sind die Kinder Gottes und die Kinder des Teufels zu erkennen" (1.Joh. 3,9-10). Christus hat Satan am Kreuz überwunden, aber die praktischen Folgen dieses Sieges werden wir erst dann erleben, wenn wir in das Königreich Gottes wiedergeboren werden und beginnen, an der neuen Freiheit der Kinder dieses Königreiches teilzuhaben.

Johannes führt dies sogar noch weiter aus: Wir leben nicht länger in Sünde (der Lebensstil im Königreich der Finsternis). Dies geschieht natürlich, weil wir in die Familie Gottes hineingeboren wurden, aber auch weil der Eine, der aus Gott geboren ist, uns erhält. Obwohl die ganze Welt im Griff des Bösen ist, sind wir von ihm befreit; „der Teufel kann [uns] nicht schaden" (1.Joh. 5,18-19). Da wir nun unter der Leitung Jesu Christi (Mt. 11,29-30) und in seinem Dienste stehen, hat er uns versprochen, uns vor Prüfungen zu schützen, die über unsere Kraft gehen (1.Kor. 10,13). Würde nicht jeder ältere Bruder dasselbe tun?

(4) *Wir sind vom Gesetz befreit, damit wir im Geist leben können.*

Als erstes ist es wichtig zu erkennen, was dies *nicht* bedeutet. Es bedeutet ganz sicher nicht, daß ein Christ in seinem Leben Gottes Gesetz mißachten wird.

Die Erfüllung des Gesetzes ist Ausdruck der Liebe, die die Kinder Gottes auszeichnet. Jene, die Gottes Kinder sind, lieben. Und jene, die lieben, befolgen die Gebote (Joh. 14,15; 15,10; Röm. 13,8-10; 1.Joh. 2,5). „Die Liebe zu Gott ist nur echt, wenn wir nach seinen Geboten leben" (1.Joh. 5,3a). Freiheit bedeutet nicht Ungehorsam, denn „seine Gebote sind nicht schwer zu befolgen" (3b). Folgerichtig bedeutet Gehorsam nicht den Verlust von Freiheit.

Wie sind wir denn nun vom Gesetz befreit? Wir sind frei von dessen Verurteilung (Röm. 8,1). Wir sind frei von den Zeremonien, da diese ihre Erfüllung in Christus gefunden haben, der ein für allemal für die Sünde geopfert und die zeremoniellen Opferungen des alten Bundes beendet hat, als er sich zur Rechten Gottes setzte (Hebr. 9,24-28; vgl. 10,12-14). Wir sind auch von den Einschränkungen des Gesetzes befreit.

Würde nicht das Neue Testament selbst in der Weise über die Zeit des mosaischen Gesetzes sprechen, so wären wir im Gebrauch dieser Begriffe sicher eher zurückhaltend. Aber das Neue Testament verwendet diese Sprache, um das Ausmaß unserer Freiheit zu betonen. Natürlich ist das Gesetz im ganzen heilig, gerecht und gut (Röm. 7,12) – nicht nur die zehn Gebote, auf die sich Paulus hier speziell bezieht. Doch die zeremoniellen und rechtlichen Aspekte des Gesetzes waren von Gott nur als eine vorübergehende und beispielhafte Maßnahme gedacht. Obwohl es Gottes *Kinder* waren, die unter diesen Maßnahmen leben mußten, könnte man die rechtlichen und zeremoniellen Aspekte als eine Form der „Knechtschaft" beschreiben, wenn man sie mit der vollen Freiheit des neuen Bundes vergleicht (Gal. 4,3).

Ein alltägliches Beispiel soll verstehen helfen, was Paulus an dieser Stelle meint. Viele junge Leute genießen die Schule und haben eigentlich kaum das Gefühl, in ihrer Freiheit allzu eingeschränkt zu werden, obwohl ihr Stundenplan sehr einengend ist und strikte Disziplin gefordert wird (zumindest in einigen Schulen).[15] Aber wenn sie die Schule verlassen und anfangen, zu arbeiten oder zu studieren – und somit ihr Leben viel mehr als bisher selbst gestalten müssen –, was stellen sie da oft fest? Jetzt erscheint ihnen die Schule im Vergleich dazu wie eine ausgeklügelte Form kontrollierter 'Sklaverei'!

---

[15] Der Autor geht hier vom englischen Schul- bzw. Internatssystem aus [Anmerkung des Übersetzers].

Dies schient (zumindest zu meiner Zeit) sehr häufig der Fall zu sein, denn die Lehrer haben uns oft davor gewarnt, wie schwierig es für uns sein werde, mit unsrer neu gefundenen Freiheit umzugehen! 'Es ist nicht wie in der Schule, wo ihr ständig beaufsichtigt werdet', sagten sie uns. Einige von uns haben diese ständige Beaufsichtigung vielleicht nie bemerkt. Schließlich verfügten wir noch nicht über viel Erfahrung, mit der wir die Schule beurteilen konnten. Erst im Licht unserer neuen Freiheit empfanden wir den vorhergehenden Lebensabschnitt als eine ziemlich einengende Beaufsichtigung.

So war es auch mit den frühen Christen. Sie waren befreit von den Einschränkungen der mosaischen Gesetze. Gott sagte nun: 'Ich gebe dir ab jetzt keine detaillierten Regeln mehr für dein Leben – was du berühren darfst oder nicht; was du essen darfst oder nicht. Du bist ein Kind mit allen Rechten. Ich habe dir ganz grundsätzliche Regeln mit auf den Weg gegeben, nach denen du leben sollst. Und ich gebe dir die Freiheit, weise danach zu leben. Erfreue dich der Freiheit, die ich dir nun gebe.'

Warum ist unsere Freiheit wichtig? Für einige von uns mag die Tatsache, daß wir von den Gesetzen des Mose befreit sind, nur eine geringe praktische Bedeutung haben. Dennoch hat dies eine große grundsätzliche Bedeutung, die immer dann deutlich wird, wenn dagegen verstoßen wird (wie es unter den frühen Christen sehr häufig geschah). Wenn nämlich jemand darauf besteht, daß auch heute noch die zeremoniellen Gesetze oder die zivilrechtlichen Strafen für Christen obligatorisch und verpflichtend sind, dann müssen wir diese Person – und uns selbst – an den eindeutigen Unterschied zum Neuen Testament erinnern, das die Freiheit betont, die Gott uns genau im Blick auf diese Sachverhalte gegeben hat.

(5) *Wir erfreuen uns auch der Freiheit von Heuchelei.* Wir sind frei, ganz transparent mit dem Vater zu leben.

So lange wir nach dem Grundsatz leben, daß wir Gottes Wohlwollen *verdienen* müssen, können wir niemals sicher sein, daß er uns liebt und akzeptiert. Wir können uns niemals gewiß sein, ob wir genug getan haben, um seine Anerkennung verdient zu haben. Uns bleibt daher nur eine von drei Möglichkeiten übrig: Wir können seine Vergebung suchen. Falls wir dies nicht tun, werden wir entweder in die Verzweiflung getrieben (Wie kann ich Gott jemals zufriedenstellen?), oder wir werden zu Heuchlern, die vorgeben, ein gottgefälliges Leben zu führen, obwohl wir genau wissen, daß wir seine Gebote nicht gehalten haben.

Jesus beschreibt Heuchelei dieser Art in drei Lebensbereichen: Geben (Almosen), Beten und Selbstdisziplin (Fasten). In drei ausdrucksstarken Gleichnisworten malt er aus, wie der Heuchler sich daran erfreut, von den Menschen geehrt zu werden (Mt. 6,1-18). Jesus tut dies in der Bergpredigt, in der er das Leben im Reich Gottes beschreibt. Er gibt seinen Jüngern den Rat, daß, obwohl sie versucht sein mögen, sich wie die Heuchler zu verhalten, es doch einen elementaren Grundsatz in diesem Reich gibt, der sie von jeglicher Heuchelei erlöst.

Um welchen Grundsatz handelt es sich, der uns so große Freiheit gibt? Immer und immer wieder hebt ihn unser Herr hervor: Es ist das Wissen, daß Gott „*dein Vater*" ist (Mt. 6,1.4.6.8-9.14-15.18). Wenn wir wissen, daß wir Kinder Gottes sind und den Geist der Kindschaft besitzen, dann sehnen wir uns danach, Gott in jeder Hinsicht gehorsam und treu zu sein – opferbereit im Geben, ernsthaft im Beten und beständig in unserer Selbstdisziplin. Doch wir tun das alles, weil Gott *bereits* unser Vater ist und uns *bereits* angenommen hat.

Ein Kind Gottes zu sein heißt, über wahre Freiheit zu verfügen. Zu wissen, daß du ein Kind Gottes bist, daß in der Lage ist, zu ihm zu kommen und ihn mit 'Vater' ansprechen darf, ist der Beginn eines Lebens erkennbarer Christusähnlichkeit. Diese Freiheit wird schließlich alle beeindrucken, die damit in Berührung kommen.

(6) *Wir sind auch von Angst befreit.* Und dies befähigt uns, *heute* für Gott zu leben.

„Dies ist meines Vaters Welt", bekennen wir. Jesus erinnert uns daran, diese Wahrheit zu einem Grundpfeiler unseres Daseins werden zu lassen. Wir leben in einer Gesellschaft, die der Angst verfallen ist, weil sie abhängig geworden ist von Besitz, immer auf der Suche nach einer Sicherheit, die diese Welt nicht geben kann. So viel im Leben wird durch die Anstrengung bestimmt, das Morgen zu kontrollieren, was doch jenseits unserer Kontrolle liegt. Das Evangelium bietet uns das einzige Heilmittel für unsere Ängste: Dies ist die Welt, die unser Vater geschaffen hat und über die er in seiner vollkommenen Weisheit regiert.

„Sorgt euch nicht,", sagt Jesus. Warum sollen wir uns nicht sorgen? Weil euer Vater weiß, was ihr braucht und alles vorhersieht und kontrolliert, was geschieht (Mt. 6,26-27. 32). Es ist 'Kleingläubigkeit' (Kinder, die ihrem Vater nicht vertrauen), die die Wurzel aller Angst ist (Mt. 6,30). Im Gegensatz dazu ist es das Vorrecht der Kinder Gottes, ihre Zuversicht und ihr Vertrauen in die liebevolle Zuwendung und die ausreichende Fürsorge zu setzen, die ihr Vater ihnen zu geben versprochen hatte.

(7) Als letztes: *Wir sind auch befreit von den Traditionen der Menschen, so daß wir nur noch durch die Lehre Gottes gebunden sind.*

Eine der Gründe, warum wir das, was das Neue Testament lehrt, immer noch für so aktuell empfinden, liegt darin, daß es zu jeder Zeit Menschen gegeben hat, die die Botschaft des Evangeliums in ähnlicher Weise verzerrt haben wie zur Zeit des Neuen Testaments. Die Details mögen sich unterscheiden (nur wenige Leute werden sich heute noch als Gnostiker oder Judaisten bezeichnen), doch sie sind nur die äußere Hülle. Die grundlegenden Ansätze sind jedoch immer dieselben. Wenn Paulus daher von jenen spricht, die durch falsche auf menschlichen Traditionen beruhenden Lehren (Kol. 2,8), und durch „verführerische Reden" (2,4) auf den falschen Weg gebracht und betrogen wurden, so können wir sicher sein, daß auch heute Christen – in der einen oder anderen Form – auf ähnlich täuschende Lehren treffen werden. Auch in diesem Zusammenhang brauche ich die Bestätigung, daß „ich frei bin von jedermann" (1.Kor. 9,19).

Was ist das grundlegende Prinzip, das unsere Freiheit regelt? Nun, als Kinder Gottes sind wir in unserem Gewissen an das gesprochene Wort unseres Vaters, die Bibel, gebunden (einwandfrei interpretiert, 2.Tim 3,15-16). Doch in allen anderen Angelegenheiten verfügen wir über die Freiheit, unsere gottgegebene Weisheit und unser kritisches Urteilsvermögen anzuwenden.

Diese 'anderen Angelegenheiten' werden manchmal mit dem technischen Begriff *adiaphora*, d.h. 'nebensächliche Dinge', beschrieben. Sie betreffen einen sehr wichtigen Bereich christlicher Freiheit – ein Bereich, in dem das Volk Gottes oft versäumt hat, die Freiheit zu bewahren, die der Herr ihnen gegeben hatte.

Die Pharisäer sind ein Beispiel für das Versagen, diese Freiheit zu bewahren. Wir haben bereits gesehen, daß das mosaische Gesetz in seinen Details noch viel strikter war als die Vorschriften des Neuen Testaments. Aber selbst da hatte das Pharisäertum, das ursprünglich eine Art alttestamentliche Heiligungsbewegung war, das Bedürfnis, weitere Gesetze (menschliche Traditionen) hinzuzufügen, um den Gesetzen Gottes gegenüber wirklich gehorsam sein zu können. Das hatte verheerende Folgen wie Jesus deutlich erkannte. Es verdrehte die Freiheit des Menschen; es verdrehte den wahren Charakter des Gesetzes und schließlich verdrehte es den Charakter der Gnade Gottes und daher Gott selbst.

Das Versagen, 'nebensächliche Dinge' durch das individuelle Gewissen beurteilen zu lassen, führte die Pharisäer schließlich in satanische Opposition zum Reich Gottes – und zu Jesus. Durch ihre Satzungen setzten sie das Wort Gottes außer Kraft, wie unser Herr sagte (Mk. 7,13). In diesem Fall aber konnten die 'nebensächlichen Dinge' nicht wie eine nebensächliche Angelegenheit behandelt werden! Jesus mußte die Pharisäer tadeln und die Freiheit, die Gott seinem Volk unter dem Gesetz gegeben hatte, demonstrieren. Daher zum Beispiel auch seine Heilungen am Sabbattag, womit er den Unterschied zwischen dem, was Gott in seinem Gesetz beabsichtigt hatte, und der Verdrehung, die die Pharisäer durch ihre Traditionen verursacht hatten, demonstrierte.

In gewissem Sinne waren die Pharisäer die 'Fundamentalisten' der Kirche des alten Bundes. Im Gegensatz zu den Sadduzäern (die 'Liberalen') glaubten die Pharisäer an die Heilige

Schrift, an das Übernatürliche, an die Auferstehung, und so weiter. Sie waren – zumindest in ihren Ursprüngen – ernsthafte und eifrige Männer. Doch ihr Versagen, die Gnade Gottes und die Freiheit, die er seinem Volk gegeben hatte, festzuhalten, ließ sie *scheinheilig* werden. Sie wurden zu Männern, deren Heuchelei die wahre Korruptheit ihrer Herzen verdeckte. Wegen ihrer von Menschen gemachten Satzungen haben sie sich viel mehr darum gekümmert, was andere Menschen von ihnen dachten, als um das Wort des Herrn.

Man braucht wenig Phantasie, um zu erahnen, daß dieselbe Versuchung oft auch Christen überwältigt hat, die der Heiligkeit mit derselben Ernsthaftigkeit nachjagten, aber nicht damit zufrieden waren, was Gott ihnen sagte, und dann – um wie die Pharisäer 'sicher' zu gehen – nicht-biblische Traditionen zu den Lehren der Bibel hinzugefügten. Das 'Tun und Lassen' in Bezug auf Heiligkeit war auch schon in der Gemeinde des Neuen Testaments präsent (Kol. 2,21).

Niemand hat jemals besser beschrieben, wohin diese Haltung, den Traditionen der Menschen zu folgen, führen kann, als Johannes Calvin:

> Nun das dritte Stück der christlichen Freiheit: Wir werden vor Gott in keinem der äußerlichen Dinge, die an sich 'Mitteldinge' sind, an irgendwelche heilige Scheu gebunden, sondern dürfen sie ohne Unterschied bald brauchen, bald auch beiseitelassen. Auch die Erkenntnis dieser (Art von) Freiheit ist für uns sehr nötig; denn wo sie fehlt, da werden unsere Gewissen nie zur Ruhe kommen, und der Aberglaube wird kein Ende finden. [...]
>
> Aber die Sache hat mehr Belang, als man gemeinhin glaubt. Denn sobald sich unser Gewissen einmal in diese Fesseln verstrickt hat, kommt es in ein langes und auswegloses Labyrinth hinein, aus dem sich nachher so leicht kein Ausgang mehr finden läßt. Wenn einer schon einmal zu zweifeln angefangen hat, ob er zu Tüchern, Hemden, Schnupftüchern und Tischtüchern Leinen brauchen darf, so wird er nachher schon nicht mehr sicher sein, ob ihm Hanf verstattet ist, und

schließlich wird ihn selbst noch bei Werg der Zweifel überfallen! Er wird sich nämlich mit dem Gedanken herumschlagen, ob er nicht auch ohne Tischtuch speisen oder ohne Schnupftuch bestehen könnte! Wenn einer auf den Gedanken gekommen ist, feinere Speise sei nicht erlaubt, dann wird er am Ende nicht einmal mehr Brot und einfache Nahrungsmittel in Frieden vor Gott genießen; es kommt ihm eben in den Sinn, er könnte seinen Leib auch mit noch geringerer Speise erhalten. Wenn einer bei einigermaßen wohlschmeckendem Wein bereits Bedenken hat, so wird er bald nicht einmal gemeinen Krätzer mit gutem Frieden seines Gewissens trinken können, und am Ende wird er nicht einmal mehr wagen, Wasser anzurühren, das besser und reiner ist als anderes. Kurz, er wird schließlich dahin kommen, daß er es für Sünde hält, über einen quer im Wege liegenden Grashalm zu gehen – wie man so sagt.[16]

Calvin erlaubte sich vielleicht eine gewisse Freiheit in seiner Beschreibung dessen, was tatsächlich passiert. Doch die Wahrheit, die er hier aufzeigt, ist leider Realität im Leben vieler Christen: *Das Gewissen, das die Freiheit nicht kennt, die ein Kind vor seinem Vater genießt, und nicht durch das Wort des Vaters gelenkt wird, wird für das ganze Leben an Schibboleths gebunden sein.*

Das Wort *Schibboleth* ist in diesem Zusammenhang sehr passend. Das Wörterbuch definiert es als „Erkennungszeichen, Losungswort, Merkmal"[17]. Es ist das hebräische Wort für eine Kornähre, doch seine Bedeutung leitet sich aus der Geschichte in Richter 12 ab, in der es eine sehr bedeutende Rolle spielt.

Die Gileaditer kämpften gegen die Ephraimiter und hatten die Furten des Jordans vor Ephraim besetzt. Wann immer einer kam, um die Furt zu überqueren, prüften sie ihn, um zu sehen, ob er auch wirklich ein Ephraimiter wäre. Sie fragten ihn: 'Bist du

---

[16] CALVIN, Johannes: *Institutio, Unterricht in der christlichen Religion*, Neukirchen-Vlyn (Neukirchner Verlag), 1988, III. 19, 7; S. 556
[17] Duden: Das Fremdwörterbuch, 1974

ein Ephraimiter?' Wenn die Antwort 'Nein' war, sagten sie: „Sag mal: *Schibboleth!*" (vgl.: Ri. 12, 5-6).

Warum diese merkwürdige Aufforderung? Offensichtlich, weil die Ephraimiter das 'sch' immer als 'ss' aussprachen. Es ist so ähnlich, wie wenn ein Schotte jemanden fragt: 'Bist du Engländer?', die Antwort 'Nein' erhält und dann die betreffende Person prüft, indem er sie auffordert: „Dann sag mal 'loch'". Wird 'loch' wie 'lock' (mit einem harten Ende) ausgesprochen, so war der Engländer sofort entlarvt! Und so wurde an den Furten des Jordans jeder Mann erschlagen, der 'Ssibboleth' sagte.

Das Wort *Schibboleth* wurde Teil unseres Wortschatzes, weil es auf bildhafte Weise Praktiken beschreibt, die zu akzeptablen oder auch inakzeptablen Formen christlichen Verhaltens führten, welche in Wirklichkeit aber eher kulturell als biblisch sind. Der Punkt ist folgender: Kein Schibboleth, kein einzelnes Verhalten, das nicht in der Heiligen Schrift gelehrt wird, sollte je die Grundlage für eine Gemeinschaft oder die Absonderung von einer Gemeinschaft der Kinder Gottes sein. *In diesen Angelegenheiten wurden den Kindern Gottes von ihrem Vater Freiheiten eingeräumt, und sie müssen anderen Mitgliedern der Familie diese Freiheiten ebenfalls einräumen.* Leider ist das größte Hindernis nicht selten, die Freude an der Freiheit der Kinder Gottes zu erfahren, die Tatsache, daß wir entweder nicht wissen, was uns die Schrift lehrt, oder daß uns das Gespür dafür fehlt, bestimmte Traditionen bzw. Sitten, die wir als 'koscher' angenommen haben, die wir als 'sündhaft' ablehnen, als daß zu erkennen, was sie eben sind: Menschliche Traditionen und nicht mehr.

Doch als nächstes müssen wir ein weiteres wichtiges Element in unserer Abhandlung über die christlicher Freiheit behandeln:

Die Grenzen der Freiheit der Kinder Gottes

Sehr häufig scheitern wir, die Freiheit zu genießen, die Gott uns gegeben hat. Wir führen ein erdrückendes Leben voller Einschränkungen, stets darum besorgt, was andere Christen über uns sagen oder denken mögen. Wir können so leicht von Menschenfurcht geknechtet werden – ja, auch von Furcht vor Christen. Doch auch das Gegenteil kann zutreffen. Wir können unsere gottgegebene Freiheit mißbrauchen. Wie der Apostel Paulus, so müssen auch wir in unserem täglichen christlichen Leben gegen Irrtümer zur Linken und zur Rechten kämpfen (2.Kor. 6,7). Aus diesem Grund gibt uns die Schrift Ratschläge, die in zwei Richtungen gehen:

Zuerst: *Interpretiere christliche Freiheit nicht als eine Lizenz zum Sündigen.*

Wiederholt werden wir davor gewarnt. „Wie können wir, die wir der Sünde gestorben sind und nicht länger in ihrem Reich leben, weiterhin sündigen?", fragt Paulus (Röm. 6,1-2). Und doch gab es offensichtlich jene (und sie gibt es noch), die sagen: „Da Gottes Gnade unsere Sünde bedeckt, laßt uns leben, wie wir wollen, denn er wird uns weiterhin vergeben." Diese Leute erkennen jedoch nicht, daß die einzige Freiheit, die wir besitzen, eine Freiheit ist, die in Beziehung zu Jesus Christus, unserem Herrn, gelebt werden muß. Wenn wir diese Freiheit besitzen, werden wir sie unter seiner Herrschaft leben müssen. Freiheit in irgendeiner anderen Form zu praktizieren, würde heißen, daß wir zu einem anderen Herrn gehören. Wir sollen als freie Menschen leben und diese Freiheit nicht als einen Deckmantel für unsere Sünden mißbrauchen (1.Pet. 2,16).

Die Maxime ist folgende: „Gott hat euch zur Freiheit berufen, meine Brüder und Schwestern! Aber mißbraucht eure Freiheit nicht als Freibrief zur Befriedigung eurer selbstsüchtigen Wünsche, sondern dient einander in Liebe" (Gal. 5,13). Zu diesem Zweck also sollen wir unsere Freiheit verwenden, um andere zu lieben.

Der zweite richtungsweisende Rat der Schrift lautet daher: *Praktiziere deine christliche Freiheit nicht in einer gleichgültigen Einstellung deinen Geschwistern in Christus gegenüber.*

Dies ist das Thema von mindestens zwei Briefen des Neuen Testaments und ein wiederkehrendes Problem in Gottes Familie.

In Korinth haben einige Christen eine große Betonung auf die neue Freiheit gelegt, die das Evangelium ihnen gebracht hatte, und auf die Art, in der ihr Geist durch die Anbetung Gottes befreit wurde. In einigen Fällen dehnten sie ihre Freiheit bis zum Exzeß aus. 'Was bedeutet 'Anstand', wenn man die Freiheit des Heiligen Geistes besitzt?' Doch Paulus betont, daß „alles anständig und geordnet zugehen" solle (1.Kor. 14,40), da Gott ein Gott der Ordnung ist (14,33). In einer Reihe von Fragen reagierte Paulus auf diese Situation, durch welche die Korinther – und auch wir – den richtigen Gebrauch der christlichen Freiheit regeln sollen:

(1) *'Wie wirkt sich die Ausübung meiner Freiheit auf mich aus?'* (1.Kor. 6,12;10,23). Es mag sein, so argumentiert Paulus, daß mir alles erlaubt ist, weil ich frei bin in Jesus Christus. Doch meine Freiheit ist nie die einzige Grundlage für mein Verhalten. Ich muß mich auch fragen, ob die Ausübung meiner Freiheit mir hilft, in der Gnade zu wachsen und näher beim Herrn zu leben. Nicht alles, was erlaubt ist, ist notwendigerweise auch *gut für mich.*

(2) *'Trägt die Ausübung meiner Freiheit zum Wachstum und Segen anderer bei?'* (1.Kor. 10,23-24). Wie leicht verwechseln wir Freiheit mit der Anzahl von Rechten, über die wir verfügen können. Doch wahre christliche Freiheit besteht nicht in der Anhäufung 'meiner Rechte'. Sie besteht aus Dienst! Folgerichtig sind die von Christus 'Befreiten' bereit, sich selbst die Ausübung ihrer Rechte zu verweigern, um zum Wachsen anderer beizutragen. Tatsächlich sind allein die Männer und Frauen wirklich frei, die von ihren angeblichen Rechten befreit sind und sich in der Lage befinden, ihre Freiheit mit relativer Gleichgültigkeit auszuüben oder darauf zu verzichten.

(3) *'Ist das Bedürfnis, meine Freiheit auszuüben, nicht in Wirklichkeit ein Fallstrick für mich?'* (1.Kor. 6,12). Bedauerlicherweise passiert es nur allzu häufig, daß Christen gerade von jenen Freiheiten beherrscht werden, derer sie sich besonders rühmen. Wir verlieren aus den Augen, daß wir uns selbst beherrschen sollen (9,24-27). Wir vergessen, daß wir Sünder sind, wel-

che die Freiheit sehr leicht in Zügellosigkeit pervertieren. Jener Bruder, der sich seinem 'schwächeren' Bruder gegenüber rühmt, daß er frei sei zu trinken, was immer er mag, kann leider gerade derjenige sein, der von dieser angeblichen 'Freiheit' gefangen ist. Seine Trinkgewohnheit stellt sich als *seine* Fessel heraus, weil er mit seiner Stärke geprahlt und dabei vergessen hatte, daß er – obwohl durch Gnade gerettet – noch immer ein Sünder ist.

Wenn die Korinther die Ausübung ihrer Freiheit doch nur unter diesen Grundsätzen praktiziert hätten, dann wäre alles gut gewesen! Aber sie waren, anders als Paulus, nicht bereit, alles zu „ertragen [...], damit wir nicht dem Evangelium von Christus ein Hindernis bereiten" (*LB,* 1.Kor. 9,12).

Auch in der Gemeinde in Rom (wahrscheinlich eher innerhalb der verschiedenen Gemeinden, die sich über die Stadt verteilten) scheinen sich unterschiedliche Gruppen mit unterschiedlichen Bräuchen entwickelt zu haben – eben unterschiedliche Schibboleths. Paulus spricht von ihnen in zwei Kategorien (wahrscheinlich wurden diese von einer der Parteien übernommen, anstatt von Paulus selbst geprägt). Dies waren 'die Schwachen' und 'die Starken'. Ihre Differenzen drehten sich um Dinge des persönlichen Gewissens, was den Gebrauch gewisser Nahrungsmittel oder Getränke und den Status besonderer Tage betraf. War es Christen verboten, bestimmte Speisen zu sich zu nehmen, und sollten sie manche Tage für heiliger halten als andere Tage?

Die Starken glaubten, sie könnten alles essen, alles trinken und alle Tage als gleich ansehen. Im Gegensatz dazu glaubten die Schwachen, daß es sündig ist, bestimmte Speisen oder gewisse Getränke zu sich zu nehmen und alle Tage gleich zu behandeln. Wahrscheinlich hielten sich wohl aber nicht alle Schwachen an jede dieser Einschränkungen ihrer Freiheit.

Zwei Dinge sollten uns anhand dieser Situation ins Auge fallen. Als erstes die subtile Veränderung, die in unserem Gebrauch von Wörtern und Kategorien zu beobachten ist. In Rom waren es die Starken, die sich frei fühlten, zu essen und zu trinken und alle Tage gleich zu betrachten. Heutzutage kann man die Tendenz beobachten, daß die Christen, die in solchen (oder, was das betrifft, auch anderen) Bereichen Skrupel haben, von sich meinen, daß sie jene mit einem *starken* Gewissen sind. Jene, die ihre Freiheit leben, betrachtet man als solche mit einem *schwachen* Gewissen. Diese subtile Veränderung des Sprachgebrauchs könnte sehr aufschlußreich sein. Doch ein wirklich starkes Gewissen ist nicht an von Menschen gemachten Traditionen gebunden, sondern durch das Wort der Bibel davon befreit.

Wichtiger als Betitelungen ist allerdings die Realität dieser Situation. Denken Sie einmal einen Moment lang über das zerstörerische Potential in den Gemeinden Roms nach. Wie würden sie mit den folgenden Gruppen in ihrer Gemeinde fertig werden: die Pro-Fleisch-Trinken-und-Tage Partei; die Pro-Fleisch-Anti-Trinken-und-Pro-Tage Partei; die Anti-Fleisch-Trinken-und-Tage Partei; und die Anti-Fleisch-und-Trinken- aber-Pro-Tage Partei? Natürlich können wir uns darüber lustig machen, doch in Wirklichkeit haben die meisten Christen schon irgendwann einmal einer modernen Version dieses Problems gegenübergestanden. Das Potential, Gemeinden und Gemeinschaft zu zerstören, ist dabei unermeßlich.

Wie geht Paulus mit dieser Situation um? Als erstes appelliert er an *alle* als *Brüder*. Die Erkenntnis, daß sie genau das sind, daß sie nämlich zu derselben Familie gehören und denselben Vater haben, legt den entscheidenden Grund, auf dem sie sich gegenseitig in einer wahrhaft familiären Weise begegnen können (Röm. 14,10). Indem er dies tut, scheint sich Paulus mit den Starken zu identifizieren: „Gewiß, ich bin davon überzeugt und kann mich dafür auf Jesus, den Herrn, berufen: Es gibt nichts, was aus sich heraus unrein ist und deshalb nicht gegessen werden darf" (14,14) und „Wenn *wir* einen starken Glauben haben" (15,1).

Andrerseits erkennt er gleichzeitig: „Aber wenn jemand etwas für unrein hält, dann ist es für die betreffende Person tatsächlich unrein" (Röm. 14,14). An anderer Stelle besteht er darauf, daß es ein grundlegendes Prinzip im Organismus Jesu Christi sei, unsere Freiheit nicht vom Gewissen eines anderen Menschen verurteilen zu lassen (1.Kor. 10,29).

Nichts davon bedeutet, daß Paulus (oder wir) gegenüber der Stimme des Gewissens eines anderen Menschen gleichgültig sein dürfen. Daher vermittelt Paulus den Römern (und uns) eine Reihe von praktischen Grundsätzen, die uns im Gebrauch unserer Freiheit leiten sollen. Die wichtigsten davon können in fünf Leitsätzen zusammengefaßt werden:

1. *Wir sollen alle annehmen, die Christus vorbehaltlos angenommen hat, und zwar ohne den Wunsch, 'nebensächliche' Dinge zur Grundlage unserer Gemeinschaft mit ihnen werden zu lassen.* Dies ist das erste und letzte Wort, das Paulus zu dieser Angelegenheit zu sagen hat: „Haltet Gemeinschaft mit denen, die einen schwachen Glauben haben! Streitet nicht mit ihnen über unterschiedliche Auffassungen!" (Röm. 14,1). Wir sollen einer den anderen annehmen, wie Christus uns angenommen hat (15,7). Paulus möchte, daß wir diesen Punkt verstehen: Christus, geboren als Nachkomme Davids (ein *Jude!*) und damit unter das jüdische Gesetz geboren, starb, damit *Nichtjuden* (!) Gott für seine Gnade preisen (15,8-9).

2. *Wir sollen uns daran erinnern, daß wir ganz allein vor unserem Herrn Jesus Christus werden – ohne die anderen.* Jeder von uns wird vor Gottes Gericht stehen und dem Herrn über sich selbst Rechenschaft ablegen müssen (Röm. 14,10.12). Wir werden nicht daran beurteilt werden, wie unser Bruder sein Leben geführt hat oder was ihm sein Gewissen geboten hat. An diesem Tag werden wir alleine stehen. Was folgt daraus? „Hören wir also auf, uns gegenseitig zu verurteilen!" (14,13).

3. *Wir sollen den Entschluß fassen, unserem Bruder kein Stein des Anstoßes mehr zu sein.* „Seid vielmehr kritisch gegen euch selbst, wenn ihr euch im Glauben stark fühlt, und vermeidet alles, was einem Bruder oder einer Schwester Anstoß bereiten oder sie zu Fall bringen kann" (Röm. 14,13). Vielleicht war die instinktive Reaktion einiger Mitglieder der Gemeinde in Rom wie folgt: 'Warum sollten wir die Ausübung unserer Freiheit einschränken?' Paulus liefert die überzeugendste aller Antworten: Der Glaube schenkt uns die Freiheit in Christus (14,14). Jedoch ist der Glaube durch die Liebe tätig (Gal. 5,6). Und daher

folgt: „Wenn du also deinen Bruder oder deine Schwester bloß wegen einer Speise in Verwirrung stürzt und im Glauben irremachst, dann lebst du nicht mehr in der Liebe" (Röm. 14,15).

Darüber hinaus ist Christus für deinen Bruder gestorben (Röm. 14,15). Ihn zu verachten, auch mit seinem schwachen Glauben und seiner eingeschränkten Freiheit, heißt, einen Bruder zu zerstören, für den Christus gestorben ist. In jedem Fall besteht das Königreich Gottes nicht aus Essen und Trinken, wie Paulus hinzufügt. Es sind Gerechtigkeit, Friede und Freude im Heiligen Geist. Wenn wir Essen und Trinken (und zwar ganz bestimmtes Essen und Trinken) als etwas Wesentliches für unsere Freiheit ansehen, dann haben wir nur wenig von dem verstanden, was es heißt, zuerst das Königreich Gottes und seine Gerechtigkeit zu suchen.

4. Wir sollen Frieden stiften und gemeinsam das Ziel verfolgen, unsere Freiheit zu leben. „Darum laßt uns dem nachstreben, was zum Frieden dient und zur Erbauung untereinander" (Röm. 14,19). Wieder bietet Paulus einen überzeugenden Grund und Anreiz für dieses Ziel: Die Gemeinde ist „Gottes Werk" (14,20). Sollte solch ein Werk um des Essens willen zerstört werden? Das Wachstum der Familie ist viel wichtiger als die Ausübung meiner individuellen Gewissensfreiheit.

5. Wir sollen erkennen, daß wir unsere Freiheit nicht praktizieren müssen, um sie zu besitzen. Paulus weist auf die Bedeutung der Selbstkontrolle hin, wenn er den Römern rät, ihre persönlichen Vorlieben in ‚nebensächlichen Dingen' zwischen Gott und sich selbst zu behalten (Röm. 14,22). Schließlich lebte auch Christus nicht zu seinem eigenen Gefallen (15,3). Was glauben wir denn eigentlich, wer wir im Organismus Christi sind, wenn wir darauf *bestehen*, unsere Rechte auszuüben?

Wenn wir den Punkt erreicht haben, an dem wir unsere Freiheit ausüben *müssen*, taucht die Frage auf, ob wir nicht gerade von dieser Sache, die wir doch als unsere Freiheit betrachtet haben, gefangengenommen wurden. In 'nebensächlichen Dingen' (also nicht wichtigen Dingen) sollten wir nach einer gesunden

Gleichgültigkeit streben, ob wir unsere Freiheiten nun ausleben oder nicht.

Für diesen Grundsatz, wie wir unsere Freiheit selbst zu bestimmen haben, gibt es im Neuen Testament ein interessantes Beispiel. Timotheus und Titus waren zwei Personen, die Paulus in seinem Dienst halfen. Keiner von beiden wurde als Kind beschnitten. Wo die Freiheit des Evangeliums auf dem Spiel stand, tat Paulus offensichtlich alles in seiner Macht stehende, damit Titus unbeschnitten blieb. Wo aber das Evangelium nicht auf dem Spiel stand, wie im Fall des Timotheus, einem Halbjuden, fühlte sich Paulus frei, ihn beschneiden zu lassen, um seinen Dienst unter den Juden zu fördern (vgl. Apg. 16,3 mit Gal. 2,2-5).

Calvin drückte diesen Sachverhalt sehr gut aus:

> Wir mäßigen unsere Freiheit für die Schwäche unwissender Gläubiger, doch nicht für die Strenge der Pharisäer„[18]. Martin Luther machte den wahren biblischen Standpunkt noch deutlicher, als er schrieb: „Ein Christenmensch ist ein freier Herr über alle Dinge und niemand untertan. Ein Christenmensch ist ein dienstbarer Knecht aller Dinge und jedermann untertan.[19]

Wir bemühen uns oft, diese schwierige Balance zu halten. Wir können es nur schaffen, wenn unser Verständnis der Lehre der Bibel wächst und unser Geist ihr gegenüber immer empfänglicher wird. Wir müssen kämpfen, um unsere Freiheit genießen zu können! Doch wir tun dies in dem Wissen, daß der Tag kommen wird, an dem die Freiheit, die wir durch Gottes Gnade bereits erfahren haben, in den vollen Glanz der vollen Freiheit führen wird, die wir in der Herrlichkeit genießen werden (Röm. 8,21).

---

[18] CALVIN, Johannes: a.a.O., III. 19, 11; S. 559
[19] *Weimarer Lutherausgabe* 7, S. 21

Kapitel 8

DIE ERZIEHUNG DES VATERS

Wir haben gesehen, inwieweit wir als Kinder Gottes wachsen. Wenn sich die Familienähnlichkeit in uns entwickelt, müssen wir Gewohnheiten und Merkmale ablegen, die mit Gottes allgemeinen Absichten in unserem Leben nicht übereinstimmen. Doch es gibt noch einen weiteren Aspekt in Gottes Plan für seine Kinder, der in einigen Fällen auch schmerzhaft sein kann: Gott erzieht uns als seine Kinder. Der klassische Bibeltext zu diesem Thema ist Hebräer 12,5-13:

„Und da habt ihr schon die ermutigenden Worte vergessen, die Gott an euch, seine Kinder gerichtet hat: *Nimm es an, mein Sohn, wenn der Herr dich hart anfaßt! Verlier nicht den Mut, wenn er dich schlägt! Denn wen der Herr liebt, den erzieht er mit Strenge; und wen er als seinen Sohn annimmt, dem gibt er auch Schläge.*

Ertragt also die Schläge! Gott behandelt euch als seine Kinder! Gibt es einen Sohn, der von seinem Vater nicht mit Strenge erzogen wird? Alle seine Kinder hat Gott so erzogen. Wenn es euch anders erginge, dann wärt ihr ja sozusagen unehelich geboren und nicht seine rechtmäßigen Kinder. Unsere leiblichen Väter erzogen uns mit Strafen, und wir hatten Respekt vor ihnen. Erst recht sollen wir uns unserem himmlischen Vater unterordnen, damit wir das ewige Leben gewinnen. Unsere leiblichen Väter straften uns eine Zeitlang, wie es ihnen gerade gut schien. Aber Gott handelt an uns zu unserem Besten, damit wir an seiner Heiligkeit Anteil bekommen. In dem Augenblick, in dem wir gestraft werden, bereitet uns das nicht Freude, sondern Schmerz. Aber später bringt es denen, die durch diese Schule gegangen sind, als Frucht Frieden und die Annahme bei Gott.

Macht also die erschlafften Hände wieder stark, die zitternden Knie wieder fest! Geht auf rechten Wegen, damit die lahm gewordenen Füße nicht auch noch verrenkt, sondern wieder heil werden!"

Es ist klar, worauf diese Worte abzielen: Väter erziehen ihre Kinder, und ebenso erzieht auch der himmlische Vater seine Kinder. Indem er diesen Grundsatz erläutert, faßt der Autor des Hebräerbriefes alle wesentlichen biblischen Aussagen über die göttliche Erziehung zusammen, welche die Kinder Gottes erfahren.

Erziehung: Eine Notwendigkeit

Daß man erzogen wird, ist ein Merkmal echter Kindschaft. Es beweist, daß unser Vater sich um uns sorgt. Er überlegt sich, wie er uns zu reifen Kinder erziehen kann, so wie er sich uns wünscht. Genauso ist es im geistlichen Bereich. Es ist für uns von grundlegender Wichtigkeit, daß wir von unserem himmlischen Vater erzogen werden.

Warum legt der Hebräerbrief solches Gewicht auf die Erziehung und die damit verbundenen erzieherischen Maßnahmen, die Christen erfahren? Aus einem ganz einfachen Grund: Die frühen Christen (und wir mit ihnen) standen in Gefahr, diesen grundlegenden Aspekt christlicher Erfahrung zu vergessen (Hebr. 12,5). Vor dem Hintergrund der Leiden, welche die hebräischen Christen schon zu ertragen hatten, mag dies unverständlich erscheinen (vgl. 10,32-34). Und doch ist es eben ein Teil menschlicher Erfahrung. Wir sind oft überrascht, zuweilen sogar verstört, daß wir auf unserer Pilgerschaft immer wieder erzieherischen Maßnahmen begegnen, die schmerzhaft sind. Wir bewegen uns auf einen neuen Abschnitt in unserem Leben zu und erwarten fälschlicherweise, daß die Schwierigkeiten, die wir zuvor erlebt hatten, endlich der Vergangenheit angehören. Aber Gott handelt auf ganz andere Weise mit uns.

Woran liegt es, daß wir die Tatsache aus den Augen verlieren können, daß Erziehung ein konstanter Bestandteil des christlichen Lebens ist? 'Ihr habt die Bibel vergessen', sagt der Autor des Hebräerbriefes, ‚Ihr habt „schon die ermutigenden Worte vergessen, die Gott an euch, seine Kinder gerichtet hat"' (12,5). Vielleicht kann man diese Worte in manchen Fällen sogar dahingehend deuten, daß wir die biblischen Aussagen über die göttliche Erziehung gar nicht kennen – auch dies ist manchmal der Fall. Aber selbst wenn wir auf dem Weg geistlichen Wachstums auch nur ein Stück zurückgelegt haben, werden wir sicherlich wissen, daß die Bibel davon spricht, daß wir auf dem Pfad der Jüngerschaft folgen. Und dies bedeutet, daß wir den 'Berg der Beschwernis'[20] erklimmen, wie John Bunyan ganz richtig bemerkte. Aber wie realistisch die Bibel doch ist, daß sie davon ausgeht, daß wir genau diesen Punkt vergessen! Wir müssen ständig an diese Gesetzmäßigkeit des christlichen Lebens erinnert werden: Das christliche Leben beinhaltet auch erzieherische Maßnahmen.

Diese Tatsache könnte sich auf Gottes Kinder sehr entmutigend auswirken. Doch der Hebräerbrief weist uns daraufhin, daß die Bibel über die Erziehung und Zurechtweisung, die wir erfahren, spricht, um uns zu ermutigen.

Wie kann uns eine Erziehung ermutigen, die wir als schmerzlich erfahren? Nun, das Wissen, daß Gott *alle* seine wahren Kinder konsequent erzieht, hilft *uns*, seine Zurechtweisung anzunehmen, wenn wir sie erfahren. Sie ist uns Beweis für Gottes Liebe, für sein Interesse an uns und für seinen Wunsch, daß wir in der Gnade wachsen. Würde die Bibel uns dies nicht lehren, könnten unsere Anfechtungen uns zu der Annahme verführen, daß Gott gegen uns ist. Doch genau das Gegenteil ist der Fall. Als ein Vater handelt er so, „daß denen, die Gott lieben, alle Din-

---

[20] BUNYAN, John: *Pilgerreise,* Lahr (St. Johannis),1998, S. 49

ge zum Besten dienen, denen, die nach seinem Ratschluß berufen sind" (*LB,* Röm. 8,28)!

Erziehung: Ihr Wesen

Es ist nicht leicht, geistliche Erziehung anzunehmen, außer wir sehen darin die Hand des Vaters. Sie beinhaltet Strenge (Hebr. 12,7); sie ist unangenehm und schmerzhaft (12,11). Wir brauchen nur an die Maßregelungen zu denken, die wir durch die Hand unseres irdischen Vaters erfahren haben! Es gibt tatsächlich Zeiten, in denen der Herr seinen Kindern 'einen Klaps' erteilt (12,6).

Gott verfügt in seiner geistlichen Erziehung über eine große Vielfalt erzieherischer Möglichkeiten. Wie ein Bauer pflügt und sät, so auch er. Er behandelt unterschiedliche Kinder auf unterschiedliche Art und Weise, um schließlich die entsprechende Ernte der Gnade hervorzubringen.

„Wenn ein Bauer die Aussaat vorbereitet, pflügt er dann jeden Tag seinen Acker? Zieht er immer wieder dieselben Furchen und hört nicht auf, die Schollen zu ebnen? Nicht wahr, wenn er sie geebnet hat, streut er Schwarzkümmel und Kreuzkümmel aus, sät Weizen, Hirse und Gerste auf sein Feld und Dinkel an die Ränder. Sein Wissen hat er von Gott, der ihn unterwiesen hat, wie er vorgehen soll.

Den Schwarzkümmel drischt er nicht mit dem Dreschschlitten aus, er fährt auch nicht mit einem Wagenrad über den Kreuzkümmel. Nein, beide klopft er mit dem Stock aus. Das Brotgetreide drischt er nicht endlos, sonst wird es ja zerquetscht. Wenn er den Erntewagen mit den Zugtieren in Bewegung setzt, gibt er acht, daß das Korn nicht plattgequetscht wird. Auch dieses Wissen hat er vom Herrn, dem Herrscher der Welt." (Jes. 28,24-29)

Wie nun genau erzieht Gott seine Kinder? Wie weist er sie zurecht? Welche unterschiedlichen Methoden, die wir auf unser Leben praktisch anwenden können, finden wir in den Worten und Beispielen der Bibel?

Erstens: *In der heiligen Schrift finden wir die Worte des Vaters.*

Gott tadelt und weist uns durch das zurecht, was er uns in der Bibel mitteilt. Dies ist eine ihrer Hauptfunktionen: „Denn jede Schrift, die von Gottes Geist eingegeben wurde, ist nützlich für die ... Zurechtweisung" (2.Tim. 3,16).

Zurechtweisung ist auch ein Dienst derer, die am Wort Gottes dienen: „Predige das Wort, ... weise zurecht" (*LB*, 2.Tim. 4,2). Es ist ungemein wichtig, daß sich alle, die Verkündigungsdienst stehen, daran erinnern, was sie sind: *Diener*, sowohl der Worte Gottes als auch des Volkes Gottes. Es ist letztlich nur das Wort des Herrn, das uns zurechtweist, nicht das Wort irgendeines Menschen. Dies muß unterstrichen werden. Aber wenn wir das verstehen, dann sollten wir auch dankbar sein, daß Gott in seiner Weisheit auch andere gebraucht, um uns durch ihre treue Auslegung seines Wortes zu erziehen. Er lehrt dadurch unseren Verstand und berührt unser Gewissen, während er an uns appelliert, zu erkennen, daß wir den Weg verlassen haben, und nun bereuen und zu ihm zurückkehren sollen.

Wie können wir am besten von dieser geistlichen Erziehungsmethode profitieren? Es gibt zwei Dinge, die wir tun sollten.

Wir sollten unser Leben unter den Einfluß von Gottes Wort bringen. Wir leben in einer schnellebigen Zeit, in der Menschen ungeduldig werden und sich unwohl fühlen, wenn Erziehungsmaßnahmen Zeit und regelmäßige Übung erfordern. Wir können daher sehr leicht versucht sein, die grundlegende Methode zu mißachten, mit der Gott uns anspricht und unser Leben zu formen versucht – nämlich durch die geduldige Erläuterung und Anwendung seines lebendigen Wortes. Die Auslegung von Gottes Wort bringt Licht in unseren Alltag, und wir müssen lernen, Gott Herz und Verstand zu öffnen, wann immer es uns nahegebracht wird.

Unter echter Verkündigung behandelt uns Gott als seine Kinder. Durch seinen Geist wendet er die allgemeinen Grundsätze der Bibel individuell auf uns an. Er betreibt an uns – auf ganz persönliche und geheimnisvolle Weise – eine Seelsorge, die weit über jede Hilfe oder Weisheit hinausgeht, die ein menschlicher Seelsorger uns geben könnte.

Nichts braucht die Gemeinde heutzutage mehr als diese Art von Dienst. Eines unserer größten *persönlichen* Bedürfnisse ist diese Art von Seelsorge. Sie ist nicht notwendigerweise spektakulär (obwohl sie es sein kann). Sie ist vielmehr langfristig angelegt. Dieser Art von Dienst verlangt Geduld und den Einsatz unseres Verstandes; er verlangt ernsthafte Absichten und mutige Entscheidungen. Aber durch diesen Dienst erfahren wir des Herrn Erziehung.[21]

Der Predigt folgt unser eigenes Lesen in der Bibel. Warum aber kommt das Zuhören auf das gepredigte Wort *vor* dem Lesen der Bibel, so als ob das erste wichtiger sei? Nun, in gewissem Sinne ist dies auch der Fall. Die meisten von uns werden niemals in der Lage sein, die Bibel in der Art und Weise zu lesen, wie wenn wir sie erläutert bekommen. Das ist ganz einfach eine Tatsache menschlicher Erfahrung. Das ist auch der Grund dafür, warum uns Jakobus sagt, daß Lehrer noch strenger beurteilt werden (Jak. 3,1). Allerdings soll dies dem entscheidenden Stellenwert, den das persönliche Bibelstudium in unserem eigenen Leben haben soll, keinen Abbruch tun. Durch unser persönliches Lesen der Schrift spricht Gott zu uns als seine 'Kinder' (man beachte die Gegenwartsform in Heb. 12,5). Wir sitzen zu Füßen unseres Vaters und hören ihm zu.

Zweitens: **Die Hand des Vaters verhilft seiner Erziehung zum Erfolg.**

Gottes Wort ist nicht das einzige Mittel der Erziehung, das er anwendet, obwohl es dasjenige ist, das er vorzieht. Es gibt aber Zeiten, in denen er zu anderen Maßnahmen greift.

Denken wir an Simon Petrus. Jesus hatte ihn in die Familie Gottes berufen. Trotzdem gab es noch viele Dinge im Leben des

---

[21] Zu diesem Thema: WHITE, John: *Flirting with the World: A Challenge to Loyalty*, London (Hodder & Stoughton) 1983, S. 123ff.

Petrus, die noch einiges an erzieherischen Maßnahmen verlangten. Das erste Mittel, zu dem unser Herr greift, ist sein Wort. Mehrmals finden wir im Evangelium, wie Jesus Petrus zurechtweist und sich bemüht, seinen Verstand zu belehren, indem er ihm die Wahrheit erklärt. Ein ganz konkretes Beispiel wäre, wie Jesus Petrus belehrt, weil er unfähig ist, die zentrale Bedeutung des Leidens Jesu zu erfassen – und der Leiden jener, die seine Jünger sind. Petrus spürte kein Verlangen, Beschwernisse als eine erzieherische Maßnahme zu „ertragen" (Hebr. 12,7).

Und dann war da auch noch sein Stolz und sein falsch verstandener Sinn für Selbstgenügsamkeit. Wieder wendete Jesus verschiedene Methoden an, Petrus durch seine Erklärungen ebenso wie durch seine Zurechtweisungen auf eine höhere Entwicklungsstufe zu verhelfen (vgl. Mk. 8,31-38; 14,27-31; Joh. 13,1-7; 21,15-23). Doch in seinem Fall mußte die verbale Zurechtweisung von einer handfesten Maßregelung begleitet werden. Petrus wurde 'geschlagen' (Hebr. 12,6).

Es ist unglaublich, welche Instrumente Gott verwendet: Ein Dienstmädchen und einen Hahn, der in den frühen Morgenstunden krähte. Diese wurden zu den Werkzeugen, mit denen Petrus unter Gottes mächtiger Hand gebeugt wurde (1.Pet. 5,6). Das Ziel dieser Erlebnisse, die in seinem Leben und seiner Persönlichkeit tiefe Spuren hinterlassen hatten, war, ihn zu solch einem Kind Gottes zu machen, wie es sich Christus wünscht. In der Erziehung bedarf es manchmal mehr als nur des Wortes des Vaters. Petrus erfuhr auch des Vaters Hand!

Der Ausdruck 'die Hand des Herrn' ist im Alten Testament ein geläufiger Begriff. Er beschreibt bildhaft die praktische Auswirkung von Gottes Willen und Absicht in unserem Leben. Wie unsere Hände unsere eigenen Pläne ausführen, so trifft dies auch auf Gott zu. Und genauso wie unsere irdischen Väter ihre Hände benutzen, um uns zu erziehen, ist auch die geistliche Erziehung das Werk der Hand Gottes.

Gottes Hand verfügt über vielfältige Erziehungsmittel. Manchmal gebraucht er Zeiten der Krankheit. Darauf spielt Paulus im Zusammenhang seiner Ausführungen über das Abendmahl in 1.Korinther 11 an, wenn er schreibt: „Das ist ja auch der Grund, weshalb viele von euch schwach und krank sind, und nicht wenige sind sogar gestorben. ... Wenn aber der Herr uns bestraft, dann tut er es zu unserer Warnung, damit wir nicht im letzten Gericht zusammen mit den anderen verurteilt werden" (1.Kor. 11,30-32). Wir sollen durch Zeiten der Krankheit *lernen*. Die Psalmen bezeugen viele der Lektionen, die gelernt werden können (z.B. Ps. 102).

Schmerz kann unser Lehrer sein. Er kann uns das Wesen dieser Welt, in der wir leben, nahebringen – zerrüttet und entstellt, wie sie durch die Sünde ist. Wir vergessen das häufig. Wir unterlassen es, so zu leben, daß wir unseren Besitz nur locker festhalten, wie Paulus uns zu tun rät (1.Kor. 7,29-31). Einsamkeit, die oft durch Krankheit entsteht, macht uns bewußt, wie sehr wir der Gemeinschaft mit Gott selbst bedürfen – dem entscheidendsten Besitz in unserem Leben. In dieser Weise werden wir erzogen, alles noch deutlicher im Licht der Ewigkeit zu betrachten.

Durch seine Leiden lernte Paulus verschiedene wichtige Lektionen für sein Leben. Er lernte, daß unsere eigenen Lösungen in bestimmten Situationen den besseren Lösungen Gottes weichen müssen. Paulus wünschte sich, von seinem Leiden erlöst zu werden; Gott aber schenkte ihm die Gnade, sein Leiden zu ertragen. Paulus lernte, daß Christi Stärke in der Schwachheit seiner Kinder zum Tragen kommt. Er lernte: „Gerade wenn ich schwach bin, dann bin ich stark" (2.Kor. 12,10). Wir vergessen häufig, daß Paulus sogar noch einen entscheidenderen Zweck in dem sah, wie Gottes Hand über sein Leben verfügte: „Damit ich nicht überheblich werde" (12,7). Bescheidenheit war in seinem Fall die Frucht aus Leid und Krankheit.

Gott gebraucht Kummer in unserem Leben seine Absichten zu verfolgen. Das englische Wort *tribulation* (= Kummer) stammt von dem lateinischen Wort *tribulum* ab, dem Gerät, das in der antiken Welt dazu verwendet wurde, Korn zu dreschen. Das im neutestamentlichen Griechisch verwendete Wort ist ähnlich assoziativ: *thlipsis*, was Druck bedeutet. Durch Druck im

Leben, welcher Art auch immer, formt Gott aus seinen Kindern Persönlichkeiten: „Durch Leiden lernen wir Geduld, durch Geduld kommt es zur Bewährung, durch Bewährung festigt sich die Hoffnung" (Röm. 5,3-4).

Gott wendet diesen Druck auf sehr unterschiedliche Weise an. Manchmal geschieht dies sogar auf so rätselhafte Weise, daß es vollkommen außerhalb unseres Verständnisses liegt. Man denke daran, wie Jesus es so einrichtete, daß seine Jünger in einen starken Sturm auf dem See von Galiläa kamen, so daß sie ausriefen: „Lehrer, kümmert es dich nicht, daß wir untergehen?" (Mk. 4,38). Seine Absicht war es, ihnen ihre Furcht deutlich zu machen, die aus ihrem Mangel an Glauben entstand. Und hinterher konnte er ihnen zeigen, daß er der Meister jeder Situation, und jeder denkbaren Lebenskrise war. Es war eine schmerzhafte ‚Züchtigung' – menschlich gesehen beinhaltete sie die größten Risiken. Doch gerade dadurch lernten die Jünger ihre Lektion, die sie anders nie angenommen hätten.

Wir können Josef als ein weiteres Beispiel nehmen. Von Gott zu großen Dingen bestimmt, wurde er schon früh in seinem Leben darauf hingewiesen, daß Gott etwas mit ihm vorhatte. Josef – vielleicht nicht unbedingt stolz – war jedoch auf alle Fälle ziemlich naiv, wie er seine Träume auf seine Familie bezog (1.Mose, 37,2-11). Er benötigte Korrektur. Die Erziehung, die er erhielt, war von der schmerzlichsten Art. Hier war jemand, den Gott 'geißelte'! Abgelehnt von seinen Brüdern, verkauft als Sklave, eingekerkert für seine grundanständige Zurückweisung von Potiphars Frau, vergessen von jenen, denen er half (1.Mose 39-40), war er doch in der Lage, auf all diese Erfahrungen zurückzublicken und zu sagen: „Gott hat es zum Guten gewendet; denn er wollte auf diese Weise vielen Menschen das Leben retten" (50,20).

Josef betrachtete augenscheinlich tragische und ungerechte Ereignisse in seinem Leben aus einem ganz anderen Blickwinkel als das menschliche Urteil: „Gott hat mich vor euch her nach Ägypten gesandt. ... Es ist sein Plan, euch und eure Nachkommen überleben zu lassen, damit er eine noch größere Rettungstat an euch vollbringen kann. Nicht ihr habt mich hierhergebracht, sondern Gott. Er hat es so gefügt, daß ich die rechte Hand des Pharao geworden bin. ... Gott hat mich zum Herrn über ganz Ägypten gemacht" (45, 5-9). Seine Leiden waren das Mittel, durch das er dorthin gebracht wurde, wo Gott ihn so umfassend nutzen wollte. Aber sie waren auch das Mittel, mit dem Gott ihn darauf vorbereitete, solch ein Mann zu sein, wie er es von ihm erwartete, wenn seine Zeit gekommen war! Dies sind die beiden Ebenen, auf denen Gott im Leben seiner Kinder wirkt – die Ebene ihres Dienstes und die Ebene ihrer Persönlichkeit. Dies ist der Grund, warum wir sowohl als Kinder als auch als Diener sagen können:

„Voll Erwartung blicken die Knechte
auf die Hand ihres Hausherrn;
aufmerksam schauen die Augen der Magd
auf die Hand ihrer Herrin.
So blicken wir zu dir, Herr, unser Gott,
bis du uns dein Erbarmen zeigst!" (Ps. 123,2)

Es gibt ein drittes Hilfsmittel, mit dem Gott seine Kinder erzieht: *Derart ist die souveräne Kontrolle Gottes, daß er fähig ist, selbst Satan, seinen ureigenen Feind, zu benutzen, um seine Kinder zu erziehen.*

Als Jesus die Methoden beschrieb, durch die Gott im Leben seines Volkes wirkt, vergleicht er den Vater mit einem Winzer, der die Zweige des Weinstockes beschneidet, um eine reiche Ernte einzuholen. Die fruchttragenden Reben werden gestutzt, „damit sie noch mehr Frucht bringen" (Joh. 15,2). Als Kommentar zu diesen Versen in Johannes 15, schrieb Martin Luther, daß der Vater sagte: „Teufel, du bist wirklich ein Mörder und Übeltäter; aber ich werde dich für meine Zwecke benutzen. Du sollst meine Hacke sein; die Welt und ihre Gefolgschaft sollen mein Mist für die Düngung meines Weinbergs sein."[22]

---

[22] LUTHER; Martin: Luthers Werke, ed. J.Pelikan, Band 24 (St. Louis: Concordia Publishing House) 1961, S.195

Wahrscheinlich würde nur Luther es wagen, vom Teufel als Gottes „Hacke" zu sprechen, der den Kindern Gottes zu einer neuen Reife in ihrer geistlichen Entwicklung verhelfen soll. Doch das allgemeine Prinzip wird auch an anderer Stelle in der Bibel deutlich. Paulus sagt ganz deutlich: „Gott [hat] mir einen 'Stachel ins Fleisch' gegeben: Ein Engel des Satans" (2.Kor. 12,7). Er bringt damit seine Überzeugung zum Ausdruck, daß ihm der Stachel in seinem Fleisch durch die Vorsehung Gottes gegeben wurde. Satan versuchte, den Glauben und das Zeugnis des Paulus zu zerstören, doch Gott hatte ein größeres Ziel vor Augen, als er Satan erlaubte, den Apostel zu prüfen. Durch das, was Satan tat, wollte Gott Paulus eine wichtige Lektionen über seine Gnade nahebringen.

Dieselbe Erfahrung sehen wir auch im Leben der Jünger. Gegen Ende seines Wirkens erklärte ihnen Jesus, daß Satan sie verlangt hatte, um sie wie Weizen zu sieben. Insbesondere zu Petrus sagte Jesus, daß er gebetet habe, daß sein Glaube ihn nicht verlassen soll (Lk. 22,31-32). Tatsächlich war das Nettoergebnis der Pein, die Simon Petrus erleiden mußte, daß er eines Tages seine Mitjünger stärken würde.

Die Erfahrung Hiobs gleicht demselben Muster. Satan verlangte, auch ihn zu bekommen, um ihn wie Weizen zu sieben und so zu beweisen, daß unterhalb seines Bekenntnisses und seiner Loyalität gegenüber dem Herrn eine *quid pro quo* (etwas für etwas) Haltung schlummerte (Hiob 1,9-11). Satan beschuldigte Hiob, dem Herrn gegenüber nur solange loyal zu sein, wie er etwas dafür bekäme. Gott erlaubte Satan, seinen geliebten Diener anzugreifen, in dem Vertrauen, daß Hiob nicht nur als Sieger daraus hervorgehen würde, sondern auch als ein Mann, der durch seine Leiden geläutert und dem Willen Gottes um so ergebener geworden war. Und so war es dann schließlich auch, ungeachtet der Fehlschläge und Sünden in Hiobs Leben (s. Hiob 42).

Das Leben Jesu veranschaulicht die außergewöhnlich großen Bemühungen, die Gott in seinem Umgang mit uns auf sich zu nehmen bereit ist. Jesus wurde vom Heiligen Geist in die Wüste geführt, um vom Teufel geprüft zu werden (Lk. 4,1-2). Hier trafen die Führung des Geistes und die Versuchungen des Teufels zusammen, so daß unser Herr all das sein konnte, was Gott von ihm als unserem Retter erwartete. Kein Wunder also, daß Paulus ausruft: „Wie unergründlich tief ist Gottes Reichtum, wie tief seine Weisheit und seine Voraussicht! Wie unerforschlich sind seine Gerichtsurteile, wie unbegreiflich seine Führungen! Denn wer hat die Gedanken des Herrn erkannt, oder wer ist sein Ratgeber gewesen?" (Röm. 11,33-34).

Erziehung: Ihre Funktion

Bei der Analyse der Notwendigkeit und des Wesens der Erziehungsmaßnahmen Gottes haben wir bereits einige Aspekte ihrer Funktion kennengelernt. In Hebräer 12,5-13 wird unsere Aufmerksamkeit auf einige wichtige Elemente gerichtet.

'Gott erzieht uns zu unserem Besten.' Was bedeutet das? Unser Bestes wird ganz ausdrücklich als Heiligkeit und die Frucht der Gerechtigkeit definiert (12,10-11). In diesem Sinne „sollen wir uns unserem himmlischen Vater unterordnen, damit wir das ewige Leben gewinnen" (12,9). Gottes Erziehung soll Heiligkeit in Leben und Charakter hervorbringen – eine Eigenschaft, die Gott gefällt, weil sie Teil seines eigenen heiligen Wesens ist.

Diese Erkenntnis sollte hilfreich und herausfordernd für uns sein. *Hilfreich*, weil Züchtigung und andere schmerzliche Maßregelungen des christlichen Lebens ausgesprochen schwer zu akzeptieren sind, solange wir nicht den eigentlichen Grund dafür erkennen. Und *herausfordernd*, weil wir uns ansonsten ständig unter den schmerzhaften Erfahrungen winden werden, die uns auf unserem Weg begegnen, bevor wir nicht mit Gottes Ziel übereinstimmen, das er in unserem Leben zu verwirklichen versucht. *Wenn wir Heiligkeit nicht wertschätzen, werden wir die Erziehung nicht annehmen.* Wir werden nicht in der Lage sein, es für lauter Freude zu erachten, wenn wir „in vielfältiger Weise auf die Probe gestellt" werden (Jak. 1,2), weil wir unser Herz an ein anderes Ziel gehängt haben als die Standhaftigkeit und Reife, die Gott in unserem Leben reifen lassen möchte (1,2-4).

In der Lebensschule Gottes lernen wir unter anderem, Selbstkontrolle zu üben. Aber dieses Leben in Gottes Erziehungswerkstatt ist bei weitem mehr. Es ist ein Leben, das die Zeichen göttlicher Handwerkskunst trägt und jene Unterschrift Gottes, die schon immer seinen Besitz und seine Arbeit gekennzeichnet haben: HEILIG DEM HERRN (2.Mose, 28,36; Sach. 14,20-21; 1.Pet. 1,15). Darum erweisen sich auch die, die Gottes Erziehung genießen, als seine wahren Jünger – wegen ihres Charakters und der Qualität ihres Lebens. Sie sind 'göttlich', das heißt gottähnlich, weil sie mit dem Ziel erzogen wurden, an Gottes Heiligkeit teilzuhaben (Hebr. 12,10).

An folgendem göttlichen Prüfstein sollen wir unser ganzes Denken und unser ganzes Leben messen: Sooft die Hand des Herrn unser Leben berührt und uns zurechtweist, sollten wir nicht erbittert fragen: 'Warum ist mir das passiert? Was habe ich bloß getan?', sondern: 'Mit welcher Absicht wirkt der Herr augenblicklich in meinem Leben? Wie kann ich auf diesen Fingerzeig Gottes reagieren, damit ich so heilig bin, wie mein Vater im Himmel heilig ist?' Auf der Suche nach den Antworten auf diese Fragen wird unser Leben reiche Früchte der Gerechtigkeit und des Friedens tragen, weil sie durch seine Erziehung in unserem Leben herangezogen wurden.

In der Zwischenzeit sollten wir immer daran denken, daß alle erzieherischen Maßnahmen *Training* sind. Sie blicken in die Zukunft. Gott ist ein Bauer, der unsere Herzen in Vorbereitung der Ernte pflügt; aber er ist auch ein Sporttrainer, der unsere potentielle Fitneß für seinen Dienst sieht. Das ist ein äußerst ermutigender Gedanke: Obwohl Training schmerzhaft ist, ist es doch nur vorübergehend. Es erinnert uns eben daran, daß diese Erziehung nur zu *diesem* Leben gehört. John Owen bemerkte weise: „Es gibt weder im Himmel noch in der Hölle Züchtigung. Im Himmel nicht, weil es dort keine Sünde gibt; in der Hölle nicht, weil es dort keine Besserung gibt."[23] Wir sollten daher die Privilegien der gegenwärtigen Zurechtweisungen, die Gott uns mit

---

[23] OWEN, John: *Complete Works* (Banner of Truth Trust) 1966, Vol. XXIV, S. 260

eigener Hand zumißt, wertschätzen lernen und uns ihrer Funktion in unserem Leben ergeben.

Erziehung: Unsere Reaktion

Gemaßregelt bzw. gezüchtigt zu werden ist nicht angenehm, sondern schmerzhaft. Die Tatsache jedoch, daß es einen bestimmten Zweck erfüllt, ermöglicht uns nicht nur, erzieherische Maßnahmen zu ertragen, sondern auch sie zu begrüßen – nicht um des Schmerzes willen, sondern um der Früchte willen, die sie in unserem Leben hervorbringen werden. Doch weil sie schmerzhaft bleiben, neigen wir dazu, falsch auf sie zu reagieren, wie der Autor der Sprüche klar erkannte: 3,11-12 (zitiert in Hebr. 12,5-6).

Wir sind zum einen versucht, Gottes Erziehung nicht ernst genug zu nehmen. Dies ist vielleicht die überwiegende Tendenz in unserer Zeit. Einige unserer Vorfahren waren sehr empfindsam, vielleicht sogar überempfindsam für die züchtigende Hand Gottes. Wir sind vielleicht dem anderen Extrem verfallen. Wo sie manchmal das Gefühl hatten, daß sämtliches Mißgeschick auf irgendeine bestimmte Sünde zurückzuführen war, haben wir uns mit einem von der modernen Psychologie geschaffenen Gott umgeben, der niemals davon träumen würde, seinen Kindern Schmerz zuzufügen, selbst wenn es in bester Absicht geschähe. Obwohl wir also unter den Schmerzen des Lebens leiden, weisen wir den Hinweis weit von uns, daß dies die Hand unseres Vaters sein könnte, die uns züchtigt. Kurz und bündig: Wir haben uns einen Gott nach unserem Bilde geschaffen – einen Gott, dem die Ernsthaftigkeit fehlt, seine Kinder wirksam zu erziehen. Aber dies spiegelt nur unseren eigenen Mangel an Ernsthaftigkeit Gott gegenüber und seines Umgangs mit uns wider. Zurechtweisungen auf die leichte Schulter zu nehmen, ist, dem weisen Prediger zufolge, die Tat eines Toren (Spr. 1,7). Ein echtes Kind möchte erkennen, was der Vater durch den Schmerz der Maßregelung lehren will.

Auf der anderen Seite kann uns Gottes Zurechtweisung auch äußerst depressiv machen. Es kann in uns eine Reaktion der Niedergeschlagenheit hervorrufen (Hebr. 12,5). Wie kann das geschehen? Letztlich aus dem gleichen Grund wie wenn wir Gottes Zurechtweisungen auf die leicht Schulter nehmen.

Wie ist das möglich, wenn solche Depressionen normalerweise bei denen auftreten, die seine Züchtigung mit viel größerer Ernsthaftigkeit aufzunehmen scheinen? Letztlich ist Niedergeschlagenheit als Reaktion auf Gottes Maßregeln ein Zeichen mangelnden Glaubens und Verständnisses für Gottes Absichten in unserem Leben. Das depressive Gemüt sieht nur Leid, Schmerz und Unannehmlichkeiten in den Zurechtweisungen. Es sieht nicht die Hand des Vaters, seine Absicht und das dahinterstehende Ziel von Heiligkeit und Christusähnlichkeit. Es hat auch die ermutigenden Worte vergessen, die Gott an uns, seine Kinder gerichtet hat (Hebr. 12,5).

In manchen christlichen Kreisen wird dieser Geist der Schwermut und Niedergeschlagenheit als ein Zeichen von Geistlichkeit betrachtet. Aber er ist nichts dergleichen. Er ist vielmehr ein tief verwurzeltes Versagen, mit Gottes väterlicher Souveränität über unser Leben zurechtzukommen.

Wie sollen wir aber nun biblisch auf Gottes Erziehungsmaßnahmen reagieren? Wir müssen uns ihnen einfach beugen. Wenn wir leibliche Väter gehabt haben, die uns mit einem Ziel erzogen haben, und wir sie dafür respektieren, dann „sollen wir uns unserem himmlischen Vater unterordnen, damit wir das ewige Leben gewinnen" (Hebr. 12,9). Wir beugen uns vor der Erkenntnis dessen, was Gott in unserem Leben tut. Er tut es zu unserem Besten, schafft in uns seine Heiligkeit, bringt in uns die Früchte des Friedens und der Gerechtigkeit hervor (12,11). Indem wir dies tun, stellen wir fest, wie Gott seinen Willen mit vollkommenem Urteilsvermögen und Zeitplanung ausübt.

Durch das Richten eines gebrochenen Beines wird man geheilt, nicht behindert. Das Richten eines gebrochenen Beines scheint zunächst eine schmerzhafte Angelegenheit zu sein, aber es ist dennoch eine heilende Handlung. Darum läßt man diesen Schmerz über sich ergehen. Einem ungeschulten, unerfahrenen Beobachter mag es als ein Akt liebloser Grausamkeit erscheinen. Doch für denjenigen, der den Schmerz erfährt, weil er das Motiv seines Arztes kennt und ihm vertraut, ist es der erste Schritt zurück zu neuer Gesundheit und Kraft. So soll auch unsere Einstellung gegenüber den Erziehungsmaßnahmen des Herrn sein: „Macht also die erschlafften Hände wieder stark, die zitternden Knie wieder fest! Geht auf rechten Wegen, damit die lahm gewordenen Füße nicht auch noch verrenkt, sondern wieder heil werden!" (Hebr. 12,12-13).

Kapitel 9

DIE ENDGÜLTIGE BESTIMMUNG DER KINDER GOTTES

Wir müssen nun versuchen, unsere Studie der biblischen Lehre darüber, was es heißt, ein Kind des lebendigen Gottes zu sein, vor dem Hintergrund ihrer endgültige Bestimmung zu betrachten.

Gottes Handeln mit Menschen wurde stets vom Gedanken der Kindschaft bestimmt. Adam war sein Sohn. Als er sündigte und fiel, nahm Gott Einfluß auf die Geschichte, um seinen Sohn Israel aus Ägypten zu führen. Diese Beziehung, die das Neue Testament in Römer 9,4 *Kindschaft* bzw. *Adoption* nennt, war als eine Vorschau auf die ganze Wirklichkeit jener Kindschaft gedacht, die mit Jesus Christus kommen würde. Vor seinem Kommen waren die Menschen durch ihren Glauben Kinder Gottes. Aber sie waren unmündige Kinder, die unter den Einschränkungen der Gesetze des alten Bundes standen. Nun treten wir – in Christus – in ein neues Stadium ein, in einen neuen Bund, und erfahren Gott als unseren Vater.

Es gibt noch andere Parallelen zwischen den Offenbarungen des alten und des neuen Bundes. Unter dem alten Bund wurde Gottes Sohn, Israel, eine Erbschaft versprochen. Bis zur Geburt des wahren Erben Gottes, Christus, zeigte sich diese Erbschaft in einer sehr materiellen Form, nämlich im Besitz des Landes Kanaan (vgl. 2.Mose 15,17; 1.Chr. 16,18; Ps. 105,11). Von diesem Prinzip gab es eine einzige interessante Ausnahme. Aaron und seine Nachkommen sollten kein Erbe am verheißenen Land haben. Ihre Erbe sollte der Herr selbst sein! (s. 5.Mose 18,1-2). Diese Priesterfamilie diente als ständige Erinnerung daran, daß die letztgültige Erfüllung für Gottes verhießene Erbschaft nicht der geographische Besitz eines Landes sondern geistlicher Natur ist – Christus und seine Gegenwart bei seinem Volk.

Dieser Lehrsatz wurde in das Neue Testament übernommen. Wir sind Kinder Gottes und auch wir erhalten daher von ihm eine Erbschaft. Es ist unsere endgültige Bestimmung, in den vollen Genuß dieses Erbes zu kommen.

In seinen Ausführungen über den Segen der Wiedergeburt spricht Petrus auch über unser Erbe. Wir wurden von neuem geboren, um von Gott ein Erbe zu erhalten, das niemals vergehen kann (1.Pet. 1,3-4). In ähnlicher Weise spricht Paulus von unserem Erbe, wenn er uns über unsere Adoption aufklärt. Wenn wir adoptierte Kinder sind, so argumentiert er, dann folgt daraus, daß wir Erben Gottes und Miterben Christi sind – vorausgesetzt, daß wir auch mit ihm leiden, damit wir zusammen mit ihm verherrlicht werden (Röm. 8,17). Da wir seine Kinder sind, hat Gott uns auch zu Erben gemacht (Gal. 4,7).

Das Erbe ist daher ein zentrales Element in der Botschaft des Neuen Testaments. Dabei gibt es jeweils einen gegenwärtigen und einen zukünftigen Aspekt. Wir haben bereits gesehen, daß wir nicht länger Sklaven sind, sondern Kinder – befreite Sklaven im Haushalt Gottes. Wir stehen nicht länger unter den Einschränkungen der mosaischen Gesetze. Und doch haben wir offensichtlich noch nicht den Punkt erreicht, an dem die Fülle der Segnungen unseres Erbes unser ist. Hier besteht, wie auf allen Gebieten christlicher Erfahrung, eine Spannung zwischen dem, was wir *bereits* erfahren haben, und dem, was wir *noch nicht* erfahren haben.

Das Anerkennen dieses Spannungsfeldes ist für das Verständnis der biblischen Aussage darüber, was es heißt, ein Christ und ein Kind Gottes zu sein, von grundlegender Bedeutung. Johannes meint prinzipiell dasselbe, wenn er uns daran erinnert: „Wir sind schon Kinder Gottes. Was wir einmal sein werden, ist jetzt noch nicht sichtbar" (1.Joh. 3,2). Mit anderen Worten: Obwohl das Vorrecht, ein Christ zu sein, herrlich ist, gibt es doch noch viel mehr zu erfahren!

Paulus beschreibt unsere Bestimmung und ihre gegenwärtige Bedeutung wie folgt: „Sie alle, die Gott im voraus ausgewählt hat, die hat er auch dazu bestimmt, seinem Sohn gleich zu werden. Nach dessen Bild sollen sie alle gestaltet werden, damit er der Erstgeborene unter vielen Brüdern und Schwestern ist" (Röm. 8,29). Es gibt hier fünf Schlüsselbegriffe, die seine Botschaft zusammenfassen:

Bild

Was ist das 'Bild' Christi? *Bild* und *Ebenbild* sind in der biblischen Theologie sehr wichtige Begriffe. Wir haben schon festgestellt, daß der Mensch ursprünglich nach dem Bild und als Ebenbild Gottes geschaffen wurde (1.Mose 1,26-27). Er wurde geschaffen, um die Herrlichkeit Gottes in einer einzigartigen Weise widerzuspiegeln. Doch er sündigte, und Adams Nachkommen wurden nach *seinem* Bild geschaffen, dem Bild einer gefallenen Kreatur, in der das Bildnis der Herrlichkeit Gottes verzerrt war (1.Mose 5,3). Der Mensch tauschte die Herrlichkeit Gottes gegen die Verehrung der Kreatur ein und fiel von Gottes Herrlichkeit ab (Röm. 1,21-23; 3,23). In der geschaffenen Ordnung spiegelt sich die Herrlichkeit Gottes (die sogar die Himmel verkünden – Ps. 19,1) nicht mehr in einem personalen Wesen wider. Das ist die Tragödie des Menschen, der dazu bestimmt war, Gottes Kind zu sein. Das Bild, das Ebenbild, ja, die Herrlichkeit dessen, der ihn geschaffen hatte, wurden entstellt – manchmal, so scheint es, bis zur Unkenntlichkeit.

Wie wir gesehen haben, war Gott nicht damit zufrieden, die Dinge so zu belassen. Er brachte durch den Exodus ein neues 'Kind', das Volk Israel, zur Welt. Gottes Herrlichkeit, seine ganz persönliche Gegenwart, ruhte wieder auf seinem Kind, so als ob er der Welt einen kurzen Blick auf das gewähren wollte, was er ursprünglich beabsichtigt hatte, und um seine Absichten für die Zukunft zu enthüllen.

Als die Zeit gekommen war, schickte Gott seinen Sohn Jesus. Er ist Erbe aller Dinge, der eine, durch den das Universum geschaffen wurde. „Die ganze Herrlichkeit Gottes leuchtet in ihm auf; in ihm hat Gott sein innerstes Wesen sichtbar gemacht" (Hebr. 1,3). Er nahm unsere menschliche Gestalt an, damit er in unserem Fleisch das Ebenbild und die Herrlichkeit Gottes wiederherstellen konnte. Wenn gläubige Menschen ihn sahen, dann sahen sie „seine Macht und Hoheit, die göttliche Hoheit, die ihm der Vater gegeben hat, ihm, seinem einzigen Sohn. Gottes ganze Güte und Treue ist uns in ihm begegnet" (Joh. 1,14). Der unmißverständliche Zweck seines Kommens war, der Erstgeborene vieler Geschwister zu werden, die eines Tages das widerspiegeln würden, was der Mensch nach Gottes Absicht sein soll. Gottes Kinder werden eines Tages das Abbild seines einzig-einen Sohnes, Jesus, sein (1.Kor. 15,49). Das ist das Werk, mit dem sich Gott augenblicklich beschäftigt.

Wiederherstellung

Wiederherstellung ist ein passender Ausdruck, das zu beschreiben, was der Vater tut. Denken Sie einmal einen Moment an einen großen Mann, dessen Leben durch Alkohol zerstört wurde. Er hat sein ganzes Geld verspielt; er hat sich um seinen Verstand getrunken; seine Familie hat ihn verlassen und sein heruntergekommenes Erscheinen verrät, daß er in alten leerstehenden Gebäuden haust. Aber wenn er spricht, spürt man noch etwas von seinem alten Zuhause, der Herkunft und Erziehung, die er einst hatte. Allerdings ist er nicht in der Lage, sich selbst in seinen ursprünglichen Zustand zurückzuversetzen. Die Zeichen seines früheren Standes sind noch zu erkennen, aber sie betonen nur die Tragik seines jetzigen Zustandes. Und so ist es auch mit den Menschen. Das Wunder des Evangeliums ist, daß Gott eine Erneuerung plant.

Da Gott menschliche Scherbenhaufen zu seinen Kindern macht, sollte es uns nicht wundern, wenn wir feststellen, daß der Prozeß der Erneuerung langsam, schwierig und sogar schmerzhaft für uns sein kann. Wir tragen eingefleischte Gewohnheiten in uns, die eine Beleidigung für den Vater sind. Wir haben vielleicht schon über Jahre hinweg mit Neigungen gelebt, die seinem Willen konträr sind.

DIE ENDGÜLTIGE BESTIMMUNG DER KINDER GOTTES 143

In mancherlei Hinsicht wäre es leichter, ein „Tagelöhner" (Lk. 15,19) zu werden, wie es sich der verlorene Sohn vorgestellt hatte. In gewisser Weise wäre das Leben so viel einfacher! Doch Gott will uns zu nichts Geringerem als zu seinen Kindern machen! Er wird sich mit nichts zufrieden geben, was nicht der Erneuerung seines Bildes und der Widerspiegelung seiner eigenen Herrlichkeit in unserem Leben entspricht. Er will keine Tagelöhner (er hat schließlich Engel genug!) – er will Kinder. C.S. Lewis hat dies in bewundernswerter Weise ausgedrückt:

> Stellen wir uns vor, wir seien ein lebendiges Haus. Gott kommt in dieses Haus, um es umzubauen. Zunächst begreifen wir wohl noch Sein Tun. Er bringt die Abzugsrohre in Ordnung und bessert die Schäden auf dem Dach aus usw. Da wir wußten, daß diese Reparaturen fällig waren, waren wir nicht überrascht. Aber auf einmal fängt Er an, im Haus auf eine Weise herumzuklopfen, die höchst schmerzhaft ist und zudem noch völlig sinnlos scheint. Was hat Er bloß vor? Er baut ein völlig anderes Haus als das, das uns vorschwebte – fügt hier einen neuen Flügel an, legt dort einen besonderen Fußboden, zieht Türme hoch und legt Innenhöfe an. Wir hatten geglaubt, es würde ein braves, kleines Häuschen aus uns gemacht. Er aber errichtet einen Palast. Er beabsichtigt, Selber darin einzuziehen und dort zu leben.[24]

Vielleicht hilft uns die Illustration, mit aller Klarheit zu erkennen, was Gotteskindschaft beinhaltet. Es sollte uns nicht überraschen, daß es Gottes wagemutige Absicht ist, in uns das Bildnis seines Sohnes und somit auch *seine eigene Herrlichkeit* wiederherzustellen. Der Weg dorthin ist von Gottes weiser Vorhersehung gekennzeichnet. Genau mit diesem Ziel vor Augen betete Jesus: „Vater, du hast sie mir gegeben, und ich will, daß sie mit mir dort sind, wo ich bin. Sie sollen meine Herrlichkeit sehen, die du mir gegeben hast, weil du mich schon liebtest, bevor die Welt geschaffen wurde" (Joh. 17,24).

---

[24] LEWIS, C. S.: *Christentum schlechthin*, Köln (Jakob Hegner),1956, S. 250 - 251.

Konformität

Paulus sagt, daß Gottes Kinder so geformt werden sollen, daß sie mit dem Bild Christi übereinstimmen. *Konformität* ist daher ein anderer wichtiger Begriff im Neuen Testament. Er gehört zu einer Wortgruppe mit der Bedeutung 'etwas gestalten' oder 'etwas formen'. Paulus sagt, daß wir umgeformt werden, um wie Christus zu sein. Die Verwendung dieser Wortgruppe gibt uns einen Hinweis darauf, wie dies geschieht.

Wir werden durch den Geist geformt: „Wir alle sehen mit unverhülltem Gesicht die Herrlichkeit des Herrn wie in einem Spiegel. Dabei werden wir selbst in sein Bild verwandelt und bekommen mehr und mehr Anteil an seiner Herrlichkeit. Das bewirkt der Herr durch seinen Geist" (2.Kor. 3,18). Seine besondere Aufgabe ist, unser Leben umzuwandeln, bis wir schließlich die absolute Herrlichkeit des Herrn zum Ausdruck bringen.

Wie schafft dies Gottes Geist? Wieder einmal ist es Paulus, der dies am besten zum Ausdruck bringt. Sein Wunsch war es, wie er den Philippern schrieb, dem Tod Christi gleichgestaltet zu werden (Phil. 3,10). Genau das bewirkt der Geist: Er formt unser Leben, als ob das Kreuz Christi die Gußform ist, in die wir gegossen werden, so daß wir sein Bildnis widerspiegeln, wenn er sein Werk in uns beendet hat. Der Geist bringt die Macht des Todes, den Christus für unsere Sünde starb, in unserem Leben zum Tragen, so daß wir – von Sünde gereinigt – im Gehorsam gegenüber Gott leben können. Er bringt die Kraft des Sieges Christi über die Herrschaft der Sünde zu uns, damit wir an seinem Sieg teilhaben können. Er führt uns in Zeiten der Prüfung hinein, wie er es auch bei Jesus tat, damit wir gereinigt werden und ein Leben der Heiligkeit leben können. Petrus sprach aus eigener Erfahrung, als er sagte: „Christus hat also gelitten, und zwar körperlich. Darum rüstet auch ihr euch mit seiner Gesinnung aus, wenn ihr seinetwegen leiden müßt! Denn wer einmal wegen Christus körperlich zu leiden hatte, in dem ist die Sünde abgestorben, und er wird sich für den Rest seines Lebens in dieser Welt nicht mehr von menschlichen Leidenschaften fortreißen lassen, sondern nur noch tun, was Gott will" (1.Pet. 4,1-2). Dies wird für alle Zeiten der Lebensstil derer sein, die als Kinder Gottes unter den lebensverändernden Einfluß des Heiligen Geistes gekommen sind.

Es gibt noch einen weiteren Aspekt unserer Umgestaltung in das Bild Christi. Wir persönlich haben die Verpflichtung, uns am Wirken des Geistes zu beteiligen und die Mittel zu verwenden, die uns unser Vater zur Verfügung gestellt hat, um das Ziel Jesus Christus ähnlicher zu werden, unserem älteren Bruder, zu erreichen.

Paulus sagt, daß wir von Grund auf verändert werden, während wir über die Herrlichkeit Gottes nachdenken bzw. sie betrachten. Wie geschieht das? Hauptsächlich, indem wir den Herrn betrachten, wie er sich uns in der Schrift offenbart hat. Nur wenn wir unser Leben übereinstimmend mit der Bibel leben und mit aller Hingabe versuchen, sie zu verstehen und im praktischen Gehorsam umzusetzen, wird diese Widerspiegelung Christi stattfinden. Dies führt zu jener Erneuerung des Geistes, die Paulus an anderer Stelle beschreibt (Röm. 12, 1-2).

Beachten wir, daß eine solche Erneuerung das Gegenteil von dem Bild ist, das die Welt gerne in unserem Leben erstellen möchte. Die Konformität zu Christus, die durch die Hingabe unseres erneuerten Geistes geschieht, bringt auch immer ‚Nonkonformisten'[25] hervor! Allerdings sind Christen nicht bloß ‚Nonkonformisten', um schwierig zu sein, oder einfach bloß, um anders zu sein, vielmehr sind wir Nonkonformisten, weil wir uns dem Bild unseres Herrn Jesus Christus angleichen. Die neue Geisteshaltung entspringt der Tatsache, daß wir neue Männer und Frauen sind, „nach Gott geschaffen... in wahrer Gerechtigkeit und Heiligkeit" (Eph. 4,23-24).

---

[25] DUDEN, Fremdwörterbuch: „Jmd., der sich in seiner politischen, weltanschaulichen, religiösen, sozialen Einstellung nicht nach der herrschenden Meinung richtet."

Unvollkommenheit

Der Vorgang der Veränderung ist bis jetzt noch unvollendet. Wir haben uns noch nicht ganz in das Ebenbild Christi verwandelt. Darin liegt die Spannung geistlichen Lebens. Dank der Gnade Gottes sind wir nicht mehr, was wir einmal waren, aber auf der anderen Seite sind wir auch noch nicht, was wir nach Gottes Bestimmung sein sollen. Diese beiden Fakten sind für uns von großer Bedeutung.

Das ist der Grund, warum das gegenwärtige Stadium in Gottes Werk durch 'stöhnen' gekennzeichnet ist!

Gottes Schöpfung stöhnt (Röm. 8,22), denn erst wenn die Kinder Gottes als Ebenbilder Gottes offenbar werden, wird sie von der Sklaverei der Vergänglichkeit befreit sein. Sie erfährt augenblicklich die Schmerzen einer Geburt. In Verbindung mit der endgültigen Erneuerung aller Dinge wird Gott auch letzte Hand im Leben seiner Kinder anlegen, um sie in Christi Bild umzugestalten (Phil. 1,6). Die universale Erneuerung und diese letzte Umgestaltung der Kinder Gottes gehen Hand in Hand.

Gottes Kinder stöhnen genauso (Röm. 8,23). Wir „sehnen uns nach der Kindschaft, der Erlösung unseres Leibes" (*LB*), wenn in der Auferstehung unser ganzes Wesen das neue Leben des auferstandenen Christus teilen wird. Dann erst werden wir die volle Familienähnlichkeit der Kinder Gottes besitzen (1.Kor. 15,49; Phil. 3,21). Das Stöhnen der Kinder Gottes ist kein verzweifeltes Stöhnen. Es ist ein hoffnungsvolles Stöhnen. Und weil wir praktisch schon die Anzahlung des Geistes besitzen – die Adoptionsurkunde und unsere Sicherheit –, wissen wir, daß unsere Hoffnung nicht enttäuscht werden wird (Röm. 5,5).

Auch der Geist seufzt und stöhnt (Röm. 8,26). Er hilft uns in unserer Schwäche und trägt uns in Zeiten der Not. Obwohl unser größtes und offenkundigstes Vorrecht das Beten ist, gibt es doch Zeiten, in denen wir nicht wissen, wie wir beten sollen. Dann tritt der Geist „mit einem Stöhnen, das sich nicht in Worte fassen läßt" (8,26-27) für uns ein.

So besteht tatsächlich eine Spannung, während wir nach vorne auf den letzten Vorhang in unserem Leben und der menschlichen Geschichte blicken. Manchmal erreicht diese Spannung eine solche Intensität, daß sie uns fast unerträglich erscheint. Wir fragen: 'Warum erlöst uns der Geist Gottes nicht von diesem Druck?'

Manchmal wird uns gesagt, daß alle Spannungen verschwinden würden, wenn wir nur vom Geist Gottes erfüllt wären. Doch gerade die Tatsache, daß der Geist in unserem Leben als der Geist der Kindschaft lebt, verursacht ja dieses Spannungsgefühl! Ohne seine Gegenwart hätten wir nicht die Anzahlung des Geistes; wir wären nicht Kinder Gottes. Wir wären so sehr ein Teil dieser Welt, daß die Familie Gottes und die kommende Welt uns nichts bedeuten würden. Wir stünden der Gnade Gottes als Fremde gegenüber. Wir würden den Konflikt zwischen dem Reich Gottes und den Königreichen dieser Welt nicht erfahren. Wieder und wieder müssen wir uns daran erinnern, daß wir viele Spannungen auf unserer geistlichen Pilgerschaft erfahren – nicht *trotz* der Tatsache, daß wir Kinder Gottes sind und den Geist der Adoption besitzen, sondern gerade *weil* wir Kinder Gottes sind!

Sicherheit

Gott ermutigt uns auf dem langen, langsamen Prozeß der Umwandlung zur vollen Kindschaft. Er hat uns dazu bestimmt, dem Bild seines Sohnes gleich zu werden! Christus hat dafür gebetet, daß wir an seiner Herrlichkeit teilhaben! Und nicht nur das, der entscheidende Grund für unsere Errettung und geistliche Umwandlung garantiert darüber hinaus, daß wir die Gefahren und Schwierigkeiten des christlichen Lebens erfolgreich bewältigen werden. Denn Gottes Plan besagt, daß Christus der Erstgeborene einer unzählbaren Gefolgschaft von Brüdern und Schwestern sein soll!

Unsere Errettung bringt uns viel Segen und Ermutigung, doch geschieht alles zur Herrlichkeit Gottes und zur Freude seines Sohnes, Jesus Christus. Da wir durch Christus mehr als nur triumphieren (Röm. 8,37), erhalten wir das Versprechen, das

Christus selbst gegeben hat: „Allen, die durchhalten und den Sieg erringen, werde ich das Vorrecht geben, mit mir auf meinem Thron zu sitzen, so wie ich selbst den Sieg errungen habe und nun mit meinem Vater auf seinem Thron sitze" (Offb. 3,21). Dann werden sich die Segnungen des Bundes, den Gott mit allen seinen Kindern geschlossen hat, erfüllen: „Alle, die durchhalten und den Sieg erringen, werden dies als Anteil von mir erhalten. Ich werde ihr Gott sein, und sie werden meine Söhne und Töchter sein" (21,7).

Am Ende werden Vater und Sohn schließlich und endlich in ewiger Gemeinschaft vereint sein! Und wir werden gemeinsam teilhaben an der Erneuerung aller Dinge, nach der die ganze Schöpfung unter der souveränen Führung Gottes, des Vaters, strebt. In der Zwischenzeit werden wir als Gottes Kinder:

> Verändert von Herrlichkeit zu Herrlichkeit,
> Bis wir im Himmel unseren Platz finden,
> Bis wir unsere Kronen vor dir abwerfen,
> und nur noch staunen, lieben und anbeten.
> (Charles Wesley)[26]

Dann werden wir, die wir uns jetzt der Freiheit der Gnade Gottes erfreuen, auf ewig die Freiheit der Herrlichkeit der Kinder Gottes erfahren (Röm. 8,21). Denn „wir sind schon Kinder Gottes. Was wir einmal sein werden, ist jetzt noch nicht sichtbar. Aber wir wissen, wenn es offenbar wird, werden wir Gott ähnlich sein; denn wir werden ihn alle sehen, wie er wirklich ist" (1.Joh. 3,2).

Sehen *Sie* sich in Ihrer Beziehung zu Gott als ein Kind eines liebenden, vergebenden Vater? Oder sehen Sie sich noch immer als des Vaters „Tagelöhner" (Lk. 15,19)?

---

[26] [eigene Übersetzung]

BIBLIOGRAPHIE

CALVIN, JOHANNES: *Unterricht in der christlichen Religion. Institutio Christianae Religionis.* Nach der letzten Ausgabe übersetzt und bearbeitet von Otto Weber. Neukirchen-Vluyn: Neukirchener Verlag. 1963. 2. durchgesehene Auflg.

CANDLISH, R. S.: *The Fatherhood of God.* Edinburgh: A. & C. Black. 1866.

COTTON, JOHN: *Commentary on 1. John, ad. 3:1.*

D. MARTIN LUTHER: *D. Martin Luthers Werke. Kritische Gesamtausgabe (Weimarer Ausgabe).* Weimar: Hermann Böhlaus Nachfolger. Nachdruck 1966 der Ausgabe von 1897.

HEIDELBERGER KATECHISMUS. Hrsg. von Otto Weber. 4. Auflg. Gütersloh: Verlagshaus Mohn. 1990.

JEREMIAS, JOACHIM: *Das Vater-Unser im Lichte der neueren Forschung.* In: Jesus und seine Botschaft. Stuttgart: Calwer. 1976.

LEWIS, C. S.: *Christentum schlechthin.* Köln: Jakob Hegner. 1956.

LYALL, FRANCIS: Slaves, Citizens, Sons: Legal Metaphors in the Epistles. Grand Rapids: Zondervan. 1984.

OWEN, JOHN: *Communion with God (1657).* In: The Works of John Owen. Hrsg. W. H. Goold. Vol. II. Nachdruck London: Banner of Truth Trust. 1966.

OWEN, JOHN: *Works Vol. XXIV.*

PACKER, J. I.: *Knowing God.* London: Hodder and Stoughton. 1973.

Meine persönlichen Notizen

Meine persönlichen Notizen

Meine persönlichen Notizen

Meine persönlichen Notizen

Das Evangelium nach Jesaja

C.H. Spurgeon

In diesem Buch kommt der authentische Spurgeon zum Wort. In acht Predigten wendet Spurgeon seine ganze Sprachgewalt an, um seinen Hörern und Lesern das Evangelium von Jesus Christus anhand der Verheißungen des Propheten Jesaja zu erklären:

* Der Allerhöchste und sein Heil
* Die Verkündigung göttlichen Trostes
* Sein Name: Wunderbar
* Sein Name: Rat
* Sein Name: Starker Gott
* Dein Erlöser
* Christi Tod
* Eine freie Erlösung

Charles Haddon Spurgeon (1834-1892) galt nicht nur zu seiner Zeit als der „Fürst der Prediger", sondern auch heute noch. Er predigte Sonntag für Sonntag vor 6000 Menschen. Weltweit sind bis heute ungefähr 150 Millionen Exemplare seiner Predigten veröffentlicht worden.

Seitenzahl: 173
ISBN: 3-9805973-1-8
Preis: DM/sFR 16.95 / öS 124.-

Einig in Wahrheit

Überlegungen zu Johannes 17 und Epheser 4

D. Martyn Lloyd-Jones

Obwohl Lloyd-Jones Vorträge über die biblischen Grundlagen schon vor über 30 Jahren gehalten hat, haben sie nichts an ihrer Aktualität und Brisanz verloren.

Nach einer gründlichen Analyse der beiden wichtigsten Kapitel (Joh. 17 und Eph. 4) zum Thema christliche Einheit, beschreibt Lloyd-Jones anhand dieser Kapitel das Wesen und die Wesensmerkmale christlicher Einheit. In einem dritten Kapitel faßt er die Aussagen des übrigen Neuen Testaments zusammen, bevor er im letzten Kapitel ganz konkrete und praktische Schlußfolgerungen für die Gemeinde zieht.

Dr. D. Martyn Lloyd-Jones (1899-1981) war einer der bemerkenswertesten Prediger dieses Jahrhunderts. Von 1943-1967 war er Pastor an der Westminster Chapel, London. Kaum ein anderer hat in diesem Jahrhundert einen so großen Einfluß auf die gemeindliche Entwicklung im angelsächsischen Raum gehabt wie Dr. Martyn Lloyd-Jones.

Seitenzahl: 90
ISBN: 3-9805973-0-X
Preis: DM/sFR 11.95 / öS 87.-

Zur Freude befreit

Der Philipperbrief

Sinclair B. Ferguson

Der Apostel Paulus hatte ein großes Anliegen, als er an die Gemeinde schrieb, die ihm vielleicht am meisten am Herzen lag. Er wollte den Christen in Philippi helfen, damit ihr „Rühmen in Christus Jesus" noch größer werde. Dadurch vermittelt der Philipperbrief ein ansteckendes Gefühl der Freude, zu der Christus uns befreit hat – eine Freude, die es zu ermutigen gilt. Genau dies möchte auch Sinclair Ferguson mit seinem viel beachteten Kommentar erreichen. Die lebensnahe Auslegung des erfahrenen Pastors und bekannten Autors soll helfen, den Philipperbrief für das eigenen Leben zu entdecken.

Das Neue Testament
lebensnah und mutmachend erklärt

Diese neue Reihe zum Neuen Testament bietet:

a. eine konzentrierte und verständliche Kurzauslegung
b. erklärt Abschnitt für Abschnitt
c. vertieft das Gelesene durch abschließenden Fragen

Eine Reihe zum persönlichen Bibelstudium, für die Familienandacht oder dem Studium in Kleingruppen

Seitenzahl: 1
ISBN: 3-9805973-6-9
Preis: DM/sFR 18.95 / öS 139.-

Dem Glauben auf der Spur

in 21 Tagen

Eine leicht verständliche Einführung in den christlichen Glauben

Peter Jeffery

Die einzige Quelle der Wahrheit über Gott ist Gott selbst.

„Dem Glauben auf der Spur" läßt Gott zu Wort kommen – 21 Tage lang, kurz und bündig.

Dieses Buch möchte Christen wie auch solchen, die noch fragend sind, helfen, dem Glauben auf die Spur zu kommen – Gott, der uns durch seinen Sohn, Jesus, mit sich selbst versöhnt.

> „Für mich war das Buch von großem Wert, da es so klar die Zusammenhänge in Gottes Erlösungsplan darstellt. Wenn ich die Botschaft des Evangeliums lese, ist sie jedesmal neu etwas Wunderbares."
>
> Christiane, Studentin

Mit einem Bibelabschnitt am Anfang und Fragen am Ende eines jeden Kapitels eignet sich das Buch hervorragend zu einem persönlichen Glaubensgrundkurs.

Peter Jeffery war Pastor der Rugby Evangelical Free Church in Mittelengland. Während dieser Zeit erlebte die Gemeinde ein erstaunliches Wachstum. Schnell wurde Peter Jeffery ein gefragter Redner, der es verstand, besonders auch die junge Generation anzusprechen. Was Peter Jeffery auszeichnet, ist seine verständliche Art zu reden und zu schreiben.

Seitenzahl: 90
ISBN: 3-9805973-5-0
Preis: DM/sFR 11.95 / öS 86.-

Brückenschlag

Gottes einzigartiger
Weg zu ihm

John Blanchard

Brückenschlag: Ein Klassiker, dessen englische Ausgabe gerade die 13. Auflage erlebt.

Dieses Buch ist das geeignete Buch für Menschen, die mehr über den christlichen Glauben wissen wollen. Es eignet sich besonders für Menschen, die wissen wollen, wie sie zu Gott kommen können, sowie für junge Christen, die das Evangelium besser verstehen möchten.

John Blanchard hat die Gabe das Evangelium klar und überzeugend darzustellen. Er zeigt auf eindrucksvolle Weise wie Gott in Jesus eine Brücke zu uns Menschen schlägt. Einfühlsam beschreibt er die Voraussetzungen für ein neues Leben mit Gott – Wiedergeburt und Bekehrung, bevor er zum Schluß erklärt, was das neue Leben ist.

„Das beste moderne Buch, das wir gesehen haben, um das Evangelium einem Nichtchristen zu erklären." (Zeitschrift: COME)

John Blanchard ist ein bekannter englischer Evangelist, Autor von über 18 Büchern und Mitbegründer von Christian Ministry in England. Sein evangelistisches Büchlein „Von größter Bedeutung" wurde bereits in 30 Sprachen übersetzt mit einer Gesamtauflage von fast 6 Millionen Exemplaren.

Seitenzahl: 122
ISBN: 3-9805973-2-6
Preis: DM/sFR 12.95 / öS 94.-

Satan – besiegt und ausgestoßen

Ein Studie in biblischer Dämonologie

Frederick S. Leahy

In Büchern und Fernsehprogrammen wird fortwährend ein gefährlicher Cocktail aus Sex, Gewalt und Okkultismus angeboten. Immer mehr Menschen sind bereit, okkulte Praktiken auszuprobieren. Wenige wissen, auf was und mit wem sie sich einlassen.

Prof. F. Leahy gibt eine klare biblische Antwort auf die Frage nach der Existenz und den Aktivitäten Satans und seiner Engel. Er erklärt dämonische Besessenheit und zeigt den Weg der Heilung auf.

Satan - besiegt und ausgestoßen ist eine Studie in biblischer Dämonologie, die sowohl für den Theologen als auch für den Laien geschrieben wurde. Der erweiterte Index macht dieses Buch zu einem hilfreichen Nachschlagewerk beim Bibelstudium.

Frederick S. Leahy war Professor für Systematische Theologie und Christliche Ethik am Theologischen Seminar der Reformed Presbyterian Church of Ireland.

Seitenzahl: 220
ISBN: 3-9805973-3-4
Preis: DM/sFR 19,95 / öS 146.-